喜戒禪師 Venerable U Sīlānanda 著

賴隆彥 譯

佛陀親授

正念的四個練習

THE FOUR
FOUNDATIONS
OF MINDFULNESS

目次

一位當代南傳禪師的菩薩風範 ——喜戒禪師

近年來，南傳佛教在台灣非常的興盛，在接觸之後，不難發現他們的正念禪法非常具有影響力，無論在歐美國家的實用心理學上、臨床醫療或是對現實生活面的應用都有著不可忽視的影響。我不禁會有個疑問，一向被認為是自求解脫的南傳佛教，竟然能在七〇年代開始從南亞傳佈佛法到歐美各地。除了說南傳佛教的禪師們，例如緬甸、錫蘭，因曾經是英國的殖民地而有語言方面的優勢以外，難道沒有其他因素嗎？

「解脫」從自己做起，以「法」為中心

從緬甸當代一位重要論師及禪師——喜戒禪師的身上，我找到了一些答案。筆者在民國八十九年左右因撰寫博士論文，有機緣承蒙禪師指導解讀巴利文註釋書，而有機會親近、見證一位在美國資深的南傳長老的行誼風範。他的行事風格改變自己一向對南傳佛教的刻板印象，以為禪修者只求自我解脫，只管禪修而什麼都不顧。相反的，我所認識的喜戒禪師是一位對佛法深具深刻廣博瞭解，對僧團的戒法有充分的理解且堅持實踐的一位禪修者。

他凡事以法為第一，縱使高齡七十幾歲，他的弘法行程遍及亞洲、南北美洲各國。凡是能利益他人修學佛法，只要他時

間上能安排得出來，他總是應允。尤其難得是，他從未計較人數多寡，縱使是一、兩位學生，他同樣認真歡喜地說法。

禪師待人處事謙遜溫和，但又堅持嚴守比丘戒律的精神，令我對聲聞乘的「解脫道」有進一步的認識。所謂以「自我解脫」為目的，不是一種封閉地以自我為中心，只為自己求解脫而已，而是因為從自己做起，時刻以正念來觀照自己的身心活動，因此能持守戒律清淨歡喜，進而能不厭不倦地服務他人。

深入淺出，詮釋佛法，感召他人

此外，喜戒禪師在禪法、教法以及巴利文方面有著深厚的學養，深刻的瞭解，因此他解釋佛典中的教法是根據註解書精準清楚，深入淺出，且引人入勝。常常讓人在聽他以實踐禪修的角度來解釋佛法之後，不只是概念式地了解經文，而是對禪修的修行原則及歷程有進一步的認識。同時也因為禪師具有阿毘達磨（佛教心理學）深厚的訓練，所以在表達上、態度上，他均充分的顯示出佛教論師的中立態度：不以自我的看法為單一的意見，相反的，他還會引註其他註解師的看法，對不同的看法，他總是耐心地引出註解書的解釋加以闡述說明其中所以不同的原因是什麼。

禪師說法如此，在指導他人禪修的過程也是，他沒有過度的干涉或想要控制他人，也並不會想要讓別人盲目地服從或相信自己所說的。他總是提醒禪修者要不急不緩，輕鬆地持續地保持正念，由於他耐煩且溫和地循循善誘，常常使禪修者在

不知不覺中，習慣禪修，喜好禪修。一如他教導經典，他謙遜地提供客觀訊息，邀請您自己去檢證。在沒有自己過度期望或壓力下，許多弟子跟隨他學佛近一二十年。因此，在禪師的感召下，在北加州的緬甸僑民及當地住民等就同心合力地創辦了「如來禪中心」及半月灣的「法喜寺」，定期舉辦禪修活動。

自律是助人的開始

喜戒禪師被認為是馬哈希法師的四大弟子之一，相信這和他禪修的功夫有關。禪師在指導佛法不是在指導他人，也是在做他自己內在正念修養的實踐。禪師在講述佛法的時候，他也在觀念思維上修習正念。基於這樣的精神，禪師所說的法是精準明確，不帶有私人偏見的，能夠讓其他教義，其他學派的說法一樣能夠呈現，如同正念的精神，全然的專注不帶個人喜好的色彩。有的是清楚中肯的說明，而至於如何見證就要靠每個人的努力。

從禪師的身行，從禪師的舉手投足當中，可幫助我們對南傳佛教修行的精神有進一步的了解。喜戒禪師雖擁有許多頭銜，但從和他洽談一些教學行政事務時，發現禪師的回應常常只鎖定在教學責任上，他不涉入其他的行政枝節。他清楚自己的使命，及如何有效地運用時間。常常，在他講授佛典後，他常會將最後一句經文朗誦起來，一直到他的書桌前，以持續地保持正念。

喜戒禪師就是這樣的典範，因為時時保持正念，是站在透徹了解法的意涵上，而非以自我的色彩證明自己學得多好：他掌握了正見的精神，以慈悲、耐性，跟所有的學法者互動，而這互動不是氾濫且過度干涉他人的。從長期精神修養的目的來看，這是最根本的——唯有自律，才能有這樣深厚精神修養的完成。

　　筆者很幸運在禪師晚年的時候，能夠親自接受他的指導，也因此認識南傳解脫者的菩薩風範，希望透過本書，讓更多有緣人能認識這樣一位如實修行的一代論師及禪師。

釋自鼐

（本文作者為香光尼眾佛學院教師）

喜戒禪師

喜戒禪師是當代緬甸最受尊敬的禪師之一，是熟習巴利三藏、註疏、義疏的佛學博士。自1979年起便受馬哈希法師(Mahasi Sayadaw)的指派，到美國及西方弘法。他教導的內觀禪法清晰、簡捷，以觀察自己當下身心，直接體驗無常、苦、無我的真理，成就解脫，是位深受學生愛戴的禪師。

出家與教育

喜戒禪師（Sayadaw U Sīlānanda，音譯為「尸羅難陀」禪師）於1927年出生於緬甸的曼德勒(Mandalay)。父親為薩雅・沙音(Saya Saing)，母親為孟內(Daw Mone)。薩雅・沙音是位禪修者，也是位著名的建築師，作品散見於緬甸各地。

1943年，十六歲的喜戒在薩佳音山(Sagaing Hills)的大明寺(Mahavijjodaya Chaung)，於慧實法師（Sayadaw U Pannavata，音譯為「般那瓦他」法師）座下受戒，法名「喜戒」（歡喜受持戒法）。1947年，受具足戒成為比丘。

1946年至1948年，他分別通過第一級至第三級的宗教考試，而獲得「達磨阿闍梨」(Dhammacariya，意即「法師」)資格，於1950年獲「最吉祥教幢法師」(Sasanadhaja Siripavara Dhammacariya)封號。1954年，他通過曼德勒「聖典教利協會」(Pariyattisasanahita Association)舉辦的考試，那被公認是緬甸最困

難的考試。他的名字理所當然又增加了一個頭銜「大姓」(abhivamsa，這在緬甸佛教界如博士學位)，因此全名與稱號是「喜戒大姓‧最吉祥教幢法師」(U Silanandabhivamsa, Sasanadhaja Siripavara Dhammacariya)與「聖典教利法師」(Pariyattisasanahita Dhammacariya)。

1954年，他前往錫蘭，並通過由錫蘭倫敦大學(the University of London in Ceylon)舉辦的「普通教育證書進階考試」(General Certificate of Education Advanced Level Examination)，專業科目是巴利文與梵文。他在錫蘭時曾短暫返回緬甸，跟隨馬哈希法師修習傳統的觀禪。

擔任的工作

喜戒禪師曾在薩佳音山的阿托脫卡達由尼(Atothokdayone)巴利大學擔任講師；在曼德勒無畏喜寺(Abhayarama Shwegu Taik)教授佛典、巴利文與梵文。

他是《三藏巴緬辭典》(*Tipitaka Pali-Burmese Dictionary*)的主編。1954年，在仰光所舉行的三藏佛典「第六次大結集」中，他是巴利藏經與相關註釋的卓越編輯之一。

1960年，他擔任大明寺住持。1993年，他被任命為位於緬甸仰光的「馬哈希教法禪師諮詢委員會」(Advisory Board of Meditation Teachers of Mahasi Sasana Yeiktha)的一員。

1999年起至今，受邀擔任緬甸仰光國際上座部佛教弘法大學(International Theravada Buddhist Missionary University)的校長。

於美國弘法

他曾訪問過亞、歐兩洲的許多國家，在馬來西亞與新加坡指導閉關。1959年在美國政府的邀請下，隨團訪問美國。

1979年，馬哈希禪師與喜戒禪師等隨行人員訪問美國加州舊金山，馬哈希禪師於訪問期結束時，指派喜戒禪師留在舊金山，以回應緬甸社團的盛情邀約。

從那時起，喜戒禪師便在美國傳授佛教課程，如受邀在柏克萊加州大學與史丹福大學擔任客座講座，曾以英語與緬甸語帶領阿毘達磨、四念處、內觀的理論與修行、巴利文法、佛教基本知識等課程。他是位稱職的老師，在上課時對不熟悉佛典的人很少使用巴利文，而以清晰準確的英語教導學生。

他協助設立「美國上座部佛教協會」(Theravada Buddhist Society of America，簡稱TBSA)，擔任該會榮譽顧問。後於美國加州半月灣 (Half Moon Bay) 創建「法喜寺」(Dhammananda Vihara)，目前擔任該寺住持。

他也是以下幾個單位的精神導師：（僅舉數例）

一、法輪禪修中心(Dhammachakka Meditation Center)，加州柏克萊市。

二、菩提樹道場(Bodhi Tree Dhamma Center)，佛羅里達州拉歌市。

三、佛教促進協會(Society for Advancement of Buddhism)，佛羅里達州法買雅市。

四、如來禪修中心(Tathargata Meditation Center)，加州聖荷西市。

佛教計劃

在TBSA的贊助下，喜戒禪師展開了幾項計劃：

一、編輯第六次佛教結集認可載有巴利藏經與相關註釋文字的光碟。

二、編輯第五次佛教結集認可載有巴利藏經文字石刻的數位相片。

三、挹注資金贊助教法在緬甸邊地的推廣。

由於對教法的傑出貢獻，他在1993年獲「第一大學者」(Agga Maha Pandita) 榮銜，1999年獲「第一大正法光明幢」(Agga Maha Saddhammajotika Dhaja)榮銜。

喜戒禪師作品選錄

【英文著作】

◎《正念的四個練習》(*The Four Foundations of Mindfulness*)

◎《業法入門》(*An Introduction to the Law of Kamma*)

◎《念死》(*Thoughts for the Occasion*)

◎《無我教理入門》(*An Introduction to the Doctrine of Anatta*)

◎《禪修指導》(*Meditation Instructions*)

◎《皈依偈》(*Protective Verses*)

◎《具戒經》(*Silavanta Sutta*)

◎《佛法精要講集》(*A Collection of Dhamma Talks*)

◎《語法論》中的巴利字根(*Pali Roots in Saddaniti*)

【緬文著作】

◎《初轉法輪經》(*The First Sermon*)

◎《曼德勒的那拉達法師傳》(*Sayadaw U Narada of Mandalay*)

◎《結界講座》(*A Course on Sima*)

◎《馬哈希禪師傳》(*Mahasi Sayadaw*)‧《緬甸建築師──薩雅‧
   沙音》(*Burmese Architect - Saya Saing*)

◎《巴利文中的推理論》(*Exposition of Syllogism in Pali*)

◎《色成就三法的新緬甸文翻譯》(*A New Burmese Translation of
   Rupasiddhi Tika*)

◎《三藏巴緬辭典》(*Tipitaka Pali-Burmese Dictionary*)，擔任主編

◎《一些短篇梵文作品的緬甸文翻譯》(*Burmese translations of some
   short Sanskrit works*)

【開示與錄音帶】

   法師曾以英語與緬甸語作了許多開示，錄製的錄音帶超過三百捲
以上。有些錄音帶（例如，「安居」與「布施」）曾被TMC免費與信
眾結緣，有些談話曾被整理並付印，它們包括「如來的意義」與「經
行的利益」等。

備註：本文資料來源主要參考以下的網站內容，有關喜戒禪師的詳細介紹，可上網
   搜尋：http://www.tbsa.org/articles/SayadawUSilanandaBio.html

　　　【作者簡介】**喜戒禪師**

依《大念處經》展開禪修之旅

甚我很高興能為尸羅難陀（Sīlānanda，意譯為「喜戒」）禪師的《正念的四個練習》（*The Four Foundations of Mindfulness*）寫序，本書對佛陀的《大念處經》（*Mahā Satipaṭṭhāna Sutta*）提供了清晰而完整的解釋。此經對於修習觀禪（Vipassanā meditation）❶甚為重要，同時對我個人也有特別的意義。

我曾經涉獵過許多宗教典籍，並從中獲益良多，它們經常富於宗教性與文學性，且發人深省。相對而言，《念處經》（至少就英譯本而言）就顯得較為枯燥與單調，猶如一篇冗長的心靈電報；但對我而言，它也是我此生所見過最珍貴的文本。長期以來，我研究過它的許多譯本，也問過許多教導它的老師，並多次在自己的禪修之中驗證它的效力，它都助益非凡，尤其是在聽過喜戒禪師對此經別出心裁的講解課程之後。

這些課程（構成本書的基礎）與和作者的多次私下討論，讓我對於此經的義理與它在實修上的重要性更為清楚。喜戒禪師是位博學的行者，解行並重，因此能達到理事無礙。此外，豐富的註釋文獻加深了我們對此經的了解。這個成就不小，它化解了我們對於經典與註釋間可能產生的誤會，對於兩者不會感到格格不入，或甚至產生對立。為了幫助我們掌握原始經義，他仔細與小心地處理這些先人的思維，結果成效卓著。

作者還為本書引進一位當代的重要人物——他的老師，緬

甸的馬哈希法師(Ven. Mahāsi Sayadaw)❷。這位教法與修行的化身，對於內觀禪法在西方的流行影響非常深遠。許多跟隨馬哈希法師修行的行者，都發現《念處經》的譯文很珍貴。許多其他教派的修行者也對它很感興趣，因為它蘊含了豐富的教理與修行的法寶。一般讀者會發現它很有用，因為此經不斷提醒我們每天都有很多機會可以保持正念，而非盲目地生活。

喜戒禪師的文字清晰、透徹，條理分明。先從理智上了解與思維此書的正念心要，將有助於我們往後展開離苦得樂的禪修之旅。

願一切眾生都能將佛陀的教法付諸修行！

拉瑞‧羅森伯格

於劍橋內觀禪修中心

麻州劍橋

一九九○年四月

❶ 觀禪(Vipassanᾱ meditation)：Vipassanā音譯為「毘婆奢那」，意思是「從各種不同的方面照見」。「觀」是直接照見一切現象都是無常、苦、無我的，從而獲得覺悟。

❷ 馬哈希法師(Ven. Mahāsi Sayadaw, 1904-1982)：對上座部佛教國家內觀禪修有深遠影響的緬甸禪師。1948年，緬甸總理烏努(U Nu) 設立一處大型的禪修中心，禮請他到仰光教導禪修，從此他的弟子相繼設立道場，超過一百處，教法廣泛流傳於泰國與斯里蘭卡。1956年世界佛教僧伽大會，受聘擔任首席顧問，扮演為後代闡釋並保存佛陀教法的主要角色。馬哈希的修法強調培養清晰、無執的覺照力，以透視身心的實相，其著作已譯成英文的有《內觀進階》(Progress of Insight)與《實用內觀禪修法》(Pratical Insight Meditation)。

第一部

《大念處經》論釋

本書中凡引述《大念處經》原文，
皆以楷體表示。

▌總釋

對於修習觀禪的人來說，《大念處經》很重要，因為一切指導都直接或間接建立在此經所包含的教法上。如果你對觀禪感興趣，你便應該通曉此經。

我將使用《大念處經》原文的修訂翻譯，稱它為「修訂」，是因為我使用了好幾種翻譯，從中選擇與我的想法相符者，再加上部分我自己的發現與翻譯。以這樣的方式，我提出了某種新的翻譯。

這個解說是建立在古代的註釋、註疏，以及馬哈希法師所寫的緬文註釋的基礎上。一九七九年，馬哈希法師在麻薩諸塞州巴瑞(Barre)市「內觀禪修學會」(Insight Meditation Society)的邀請下，訪問美國。法師是一位著名與成功的禪師，也許是西方最有名的緬甸禪師。他在一九八二年八月去世以前，發表了許多關於觀禪與佛陀其他開示的談話。他的談話記錄與一些書籍已譯成英文，並在美國出版。

經題

此經的巴利(Pāli)全名是Mahā Satipaṭṭhāna Sutta，意思是《大念處經》或《大念住經》。在此經中，佛陀指導人們如何修習念處觀，在此經與本書中，闡釋了四種念處❶。

皈敬

佛教徒無論做什麼事，都會先禮敬佛、法、僧。因此，每次人們撰寫佛教論述時，都會先在書本開頭冠上這些文字：

Namo Tassa Bhagavato Arahato Sammā-Saṃbuddhasa

我們也從此開始：

皈敬彼世尊，阿羅漢，正等正覺者

阿難聞法複誦

如是我聞。①

經藏中的每部經典都是從「**如是我聞**」開始。此處的「我」是指佛陀的堂弟——阿難(Ānanda)尊者，他擔任佛陀的侍者長達二十五年，據說和佛陀同年，因為他們出生在同一天。佛陀說法四十五年，但前二十年並無固定侍者，有時某個比丘擔任侍者，隔段時間又換另一位。然而之後的二十五年期間，阿難尊者一直是他的個人侍者。

了解阿難尊者如何被賦予這項職務頗為有趣。在他說法的第二十一年，佛陀宣布他需要一位個人侍者。當他如此宣布時，許多大弟子想要成為侍者，但都遭到拒絕。然後在一次集會中，有些比丘請阿難服侍佛陀，阿難卻說：「如果佛陀真的希望我成為他的侍者，他自己會來問我。除非佛陀出面邀請，否則我

不會主動出來。」因此，最後佛陀親自請求阿難擔任侍者。

阿難回答，他會接受這項職位，但有一些條件。事實上，共有八個條件，我們將前四個稱為「拒絕」，後四個稱為「獲得」。這四個拒絕是：

第一、佛陀不能因為他是侍者，而給他任何衣服。

第二、佛陀不能因為他是侍者，而給他任何他所得到的美食。

第三、他不應被要求待在佛陀的香房，或擁有屬於他自己的獨立寮房。

第四、如果有人想邀請佛陀去他家應供，他不應被納入邀請之列。

這些是「四個拒絕的條件」，阿難尊者不想從他和佛陀的關係中，得到任何物質上的好處。

「四個獲得的條件」是：

第一、他必須有權為佛陀接受任何邀請，且一旦阿難受邀後，佛陀一定得應邀出席。

第二、無論在任何時間，都准許他帶遠道而來的信眾去見佛陀。

第三、一旦有任何疑惑生起，准許他向佛陀請教任何問題。如果阿難對任何事有任何疑惑，他有權請佛陀釋疑，這意味佛陀必須隨時準備回答他的任何問題。

第四、在阿難缺席的場合，佛陀應對他複述所說的開示。對於「如是我聞」這句話來說，最後一項尤其重要。

佛陀同意了這些條件，阿難尊者因此在這些條件下，成為

佛陀的個人侍者，佛陀總是為他複述他缺席時所說的任何開示。因此阿難尊者知道佛陀所說的一切開示與教法。

在阿毘達磨第一冊的註釋書——《義釋》(*The Expositor*)❷中，你會看到這些稱讚阿難尊者的話：

> 長老真的是博學多聞，是位三藏學者。他可以在一座
> 當中，聽聞、誦出與解說一千五百首偈頌或六萬句，
> 宛如探囊取物一般。那是長老獨特的論述方式，除了
> 佛陀之外，沒有人能教導或達到這種殊勝教法，因此
> 這位長老知道真實經文，一字不漏。②

阿難具有直捷與敏銳的才智，佛陀是唯一能教導他的人。因此，阿難尊者知道佛陀所教導的一切事物。

「如是我聞」與以下阿難所說的話，發生在佛陀入滅後三個月舉行的第一次結集中。佛般涅槃後，大弟子摩訶迦葉決定遴選五百位阿羅漢，舉行集會。在那次集會中，佛陀的一切教導都被結集與詳細勘驗，只有當大眾都同意它們是佛陀真實的教法時，才會納入結集，並被合誦出來，合誦即表示它們已被大會無異議地接受為佛陀的真實語言。因為依那時的作法，佛陀的教導並非被書寫下來，而是以念誦的方式記錄保存。

教法不只被記錄下來，還區分成不同類別。最常見的分類是區分成三藏(Piṭaka)：律藏(Vinaya Piṭaka)、經藏(Sutta Piṭaka)與論藏(Abhidhamma Piṭaka)。《大念處經》屬於經藏。

這些法藏就這麼經由口耳世代相傳，直到佛滅後五百年，才在斯里蘭卡被書寫在貝多羅葉(pattra)❸上。

如前述，在第一次結集時，大迦葉尊者對佛陀教法的真實性提問，由兩位比丘負責回答他的問題。律藏——比丘與比丘尼的戒律，由優波離(Upali)尊者回答；經藏——佛陀教導的八萬四千法蘊，則由阿難尊者回答。

當大迦葉尊者提出關於《大念處經》的問題時，阿難尊者的回答從「如是我聞」開始。藉由說「如是我聞」，阿難尊者謙虛自抑，並證明這是大師所說，他只是轉述佛陀的話語，並以法為師。當他說這些教法並非自創，且宣稱是先前從佛陀聽聞而來時，便鞏固了諸天與眾人對此法的信心。他說：「這是我親自在世尊面前聽來的，因此對於義、理、字、句，皆無須猶豫或懷疑。」藉此，令大眾生起正信。

說法地點在俱盧國

> 如是我聞：一時，世尊在俱盧(Kurus)國劍磨瑟曇城
> (Kammasadamma)，與俱盧人住。

「**一時**」：雖然阿難尊者知道宣說此經的確切時間，但為了簡化，他只說：「一時」。對他來說，這樣也許比較省事，但對於身處不同年代的我們來說，這實非福音，因為我們不知道此經確切教導的時間與年代。如果阿難尊者交代了一切細節，我們就能將此經與其他教法按年代編序，但如今無法這麼做，只能猜測哪些經典可能是在其他經典之前宣說。

「**在俱盧國**」：「俱盧」(kurus)是印度的一個行政區或小

國，在巴利文中是以複數的形式表現。它原來是此區最早居民的名稱，後來才被用來指稱該地，但仍然沿用複數形式。因此，雖然只有一個地區，卻是複數。

「**劍磨瑟曇城**」(kammasa-dhamma)：此城之所以名為「劍磨瑟曇」，是因為暴君「劍磨瑟缽陀」(kammasapada，意為「雜色足」)在此被制伏而得名。有些人將此字拼為kammāsa-dhamma，並解釋是因為俱盧國的傳統修行美德已受染污(kammasa)，所以才有此名。

說法對象是四眾弟子

> 於其處，世尊告諸比丘曰：「諸比丘！」比丘們回答：
> 「世尊！」世尊乃如是言：

佛陀一直稱呼說法對象為諸比丘。比丘們是接受其教法的傑出人士，但這並非說其他人就不是說法的對象。就勝義而言，任何接受並遵從佛陀教法者都可稱為比丘(bhikkhu)❹，因此應了解，當佛陀說「諸比丘」時，也包括比丘尼與在家男、女信眾。

四念處是獲得解脫的唯一道路

> 諸比丘！這是使眾生清淨，超越愁悲，滅除苦憂，成就
> 聖道，體證涅槃的唯一道路，即四念處。

「**唯一道路**」：為了解這個解釋，我們應先看它的巴利語ekāyana。eka意指「一」，āyana意指「道路」，因此ekāyana即「一條道路」。它有五個解釋方式。

第一個解釋是，它是「單一道路」，並無分支。在這條路上並無岔路，因此沿著這條路一直走下去，一定可以到達解脫。

第二個解釋是，這條道路必須「獨行」。在禪修中，你是踽踽獨行，並無同伴。你可能在團體中，也可能在閉關，但事實上你只是走自己的路。你是孤獨的，沒有人陪伴❺。沒有人能把他或她的禪定與智慧給你，你也無法將自己的禪定與智慧給別人，雖然你是在團體中，仍得獨自修行。因此，這是「必須獨行的道路」。

第三個解釋是，這是「獨一無二者(Excellent One)之道」，它是佛陀這位獨一無二者發現的道路。

第四個解釋是，這條道路「唯有一個目的」——到達涅槃。因此當你踏上這條路，一定能達到這個目標。當你獨自走上這條路時，涅槃是你唯一的目標。

第五個解釋是，這是「到達涅槃的唯一道路」，沒有別的路。「念處」是到達涅槃，滅除苦，止息煩惱的唯一道路。

「**使眾生清淨**」：意指淨化一切眾生的心。一切眾生的心被各種煩惱染污，你的心在多數時間並不清淨，有執取、渴愛、貪、瞋、痴、慢、嫉妒等煩惱。執取與渴愛等染污你的心，念處的方法則幫助你淨化心，這是淨化一切眾生內心的唯一道路。當修習觀禪時，你並無貪、瞋、痴、慢等煩惱。它們在你禪修時都不存在於心中-，當達到目的時，心

會徹底斷除這些煩惱。藉由獨自走上這條道路，你將到達最高果位，心將徹底清淨。

「**超越愁悲**」：藉由這個禪修能消除愁與悲。修習觀禪時，你被教導要對發生在身上的一切事物保持覺知，注意當下所經歷的一切事物。在禪修中，覺知與觀察一切事物時，煩惱會消失。當達到阿羅漢的究竟果位時，會完全超越愁悲，一旦達到這果位，將永遠不再愁悲。許多人都已藉由修習念處觀，而超越愁悲。

「**滅除苦憂**」：「苦」是身苦，「憂」是心苦，身苦與心苦都可藉由觀禪而消除。當你打坐一段時間後，會感受到身體的苦；但當你持續觀察或注意這個苦時，定力會增強，於是痛苦會止息，會被消除。你也可藉由修習觀禪而消除憂心。一旦達到究竟果位，你將永絕苦憂。

「**成就聖道**」：此處的聖道是指在覺悟剎那出現的一種心。當禪修者覺悟實相──涅槃時，會生起一種心名為「道心」❻。它之所以被稱為「道心」，是因為當你達到這個心的階段時，你將確定可以達到這條道上的涅槃，它必然會趨於此。

有四個覺悟階段，因此有四種道心。每種道心都會斷除一些煩惱，因此在達到第四道心時，它們將被徹底斷除❼。道心所斷除的煩惱不會再回來纏縛你，為了達到聖道，成就這種能徹底斷除煩惱的心，念處是唯一的道路。

「**體證涅槃**」：我們可以說成就聖道是意指成就「道心」，而證悟涅槃則意指成就「果心」。果心緊跟在道心之

後來到⑧，一些阿毘達磨學說將幫助你對此有更深入的了解。我們只要明白道心與果心都是以涅槃為它們的對象即可，它們都現觀涅槃，這兩個剎那都可稱為證悟涅槃的剎那。

簡而言之，佛陀說這是淨化內心，超越愁悲，滅除苦憂，成就聖道，證悟涅槃的唯一道路。這條唯一的道路是什麼呢？它就是四念處。

身念處

> 何謂四念處？於此，比丘安住於身，隨觀⑨身體，熱忱、正知⑩、正念⑪，去除對世間的貪欲與憂惱。

簡單來說，這就是正念禪的描述。禪修者安住於身而觀身，他們就是如此修習正念禪。你安住於身而觀身或對身保持正念。在此重複「身」，是為了確保你是安住於「身」，而非於「受」、「心」或「法」而觀身。

「**熱忱、正知、正念**」：這很重要，因為它教導你應如何禪修。當你禪修時，當安住於身而觀身時，亦即當你覺知身體的一切事物時，一定要熱忱以赴，正念、正知。「熱忱」的意思是你必須要精進，努力保持正念或觀察身體一切事物。

因此，「熱忱」是指你投入的精進或努力。沒有精進，便無法將心專注在對象上，而使你無法禪修。因此，禪修需要一定程度的精進或努力。將心保持在對象上並不容易，因此，精

進或努力是禪修的必要條件。

你必須「正知、正念」。當禪修時，必須時時保持正念，要正念於你的呼吸、腹部的起伏，或身體的各種姿勢與小動作。正念有點像是拿石頭丟牆，為了丟石頭，就必須用力。你用力丟石頭，然後它擊到牆；正念擊到所緣的對象（目標）。無論對象是呼吸、腹部起伏或身體動作，你的心總是對準這些目標，擊中目標即是正念。

當你具有正念，兼具精進時，心便會停留在禪修對象一段時間。石頭擊到牆，如果它是溼泥牆，它就會被黏著而留在牆上。同樣地，心擊中目標，當它有精進與正念相助時，便會停留在目標上，心在禪修對象上的停留就是所謂的「定」。因此，當你具有正念時，便能入定。只有當定力增長時，才會具有智慧並了解事物的本質，而對事物具有正知。因此，經上說你應正知、正念，這意味著必須擁有禪定。正知不可或缺的伴侶即是智慧。

此外，念與定都屬於定學。正道有八支——正見、正思維、正語、正業、正命、正精進、正念與正定，這八支分屬戒、定與慧三學。正精進、正念與正定屬於定學。修習其中一支時，也必須同樣修習其他兩支。因此，正念在此也意指正定。

當你具有定，心停留在禪修對象一段時間時，便能開始了解心與身的本質，知道它們是無常、苦與無我的。當具有足夠的禪定時，你將開始看見事物的生滅，各種念頭在心中生起，你注意它們，然後它們離開。只有當你擁有必要的禪定時，才能清楚看見這點。

良好的禪定必須具備四個條件：第一，你必須熱忱地精進；第二，你必須修習正念；第三，你必須增長定力；第四，你必須理解與了知。良好的禪定不能缺少這四個要件。藉由說：「熱忱、正知、正念」，佛陀指示你如何禪修，如何觀察事物，如何看好自己的呼吸、腹部的起伏與其他身體的活動，以及你的感受、心識與諸法(dhammas)。因此，在禪修時，以精進來支持正念，是很重要的，如此才能生起足夠的定力去洞見事物的本質。

「**去除對世間的貪欲與憂惱**」：佛陀在此所說的「世間」是指身體——五取蘊⑫。「貪欲」意指渴愛、貪求或執著；「憂惱」意指惡欲、瞋、恨或沮喪。藉由這些話語，佛陀指示我們必須去除的煩惱。他指出禪修的結果，熱忱、正知與正念的結果，以及擁有禪定的結果。

當你精進、正念，具有禪定與智慧時，你就能去除貪欲與憂惱，去除貪與瞋這兩個較粗的煩惱蓋。共有五蓋⑬，這兩蓋是較粗的。當能去除這兩個較粗的煩惱蓋時，你也將能去除其餘三蓋。當你正知自己的呼吸，或腹部起伏，或感受，或其他身體的活動時，那時將沒有渴愛與執著，也沒有瞋恚與憎恨。在每個剎那中，你都能將這些心所從內心去除。

有兩種「去除」——「剎那去除」與「暫時去除」。在「剎那去除」中，煩惱在剎那間被去除。在前一剎那，它們不存在，但後一剎那，可能會再出現。它們只是剎那間被去除，並騰出善法的空間。「暫時去除」是指去除一段時間，比剎那去除的時間還要長。馬哈希法師解釋「暫時去除」如下：

　　　　　　　　　總釋

當禪修者持續觀察每個身心現象，並正知其為無常、苦、無我與不淨時，精進、正念與定會在他心中生起。因為這樣，心會變得很微細，即使在非觀察的對象上，貪與瞋也不會生起。

即使當他在休息時，粗的貪與瞋也不會在心中生起，以至於他會認為粗的貪與瞋完全無法生起。就這樣，這種調伏煩惱的狀態也出現在非觀察的對象上。以觀察當下對象的事實而言，即名之為「暫時去除」，因為禪支⑭出現在每一個觀察活動上。

這是貪與瞋的暫時去除。每次禪修者觀察時，他經歷這兩種去除——在被觀察對象上的剎那去除，與在非觀察對象上的暫時去除。為了得到這兩種去除的利益，禪修者必須練習觀身，觀察每個當下明顯的身體現象。這就是佛陀的意思。

馬哈希法師的禪修指導在第三部會有更詳細的說明。

現在，當你專注於呼吸時，例如心中注意「入、出」，「入、出」，在達到穩定的定以前，會有若干剎那的定。然後你會分心，再專心，然後再分心，如此反覆不已，那時你可說是「剎那」地去除貪、憂。前一刻，你去除煩惱，下一刻，它們可能又再次在心中出現。

一段時間之後，當你修行進步，能將心放在禪修對象上較長的時間時，就能暫時去除煩惱，亦即去除一段較長的時間。

你將了解到，即使未觀察對象，依然能繼續調伏煩惱。當達到這階段時，就可說煩惱已「暫時去除」。由於這種去除是暫時的，當不再禪修時，煩惱仍會回來找你。

還有一種「去除」，即「完全去除」。它是在道心剎那──證悟涅槃的剎那被達到。因此，當你達到道心時，完全去除、捨棄、止息或斷絕五蓋與其他煩惱。一旦去除煩惱之後，它們不可能會再回來找你。這個「完全去除」並非此處所指稱的對象，因為在此只說世間道而非出世間道❶。（在此使用「去除」有技術上的考量，即「不使煩惱生起」。）

受念處

> 安住於受，隨觀感受，熱忱、正知、正念，去除對世間
> 的貪欲與憂惱。

佛陀在此所說的「世間」是指「感受」。禪修者對於他們的感受保持正念，觀察並注意自己的感受。感受有三種：樂受、苦受與不苦不樂受。禪修者覺知當下出現的任何一種感受，就猶如觀身一般。

心念處

> 安住於心，隨觀心識，熱忱、正知、正念，去除對世間
> 的貪欲與憂惱。

佛陀在此所說的「世間」是指「心」。這裡的禪修對象是各種心，有貪俱心、瞋俱心與痴俱心⑯等。當你欲求某物，而覺知這欲求是「欲求、欲求、欲求」時，你便是在隨觀貪俱心，隨觀瞋俱心與痴俱心也是如此。

法念處

> 安住於法，隨觀諸法，熱忱、正知、正念，去除對世間
> 的貪欲與憂惱。

佛陀在此所說的「世間」是指「諸法」(dhammas)。dhammas此字有多重涵意，它是巴利語中最難翻譯的一個字。有些人將之譯為「法所緣」⑰，雖然沒錯，但那只是它一部分的意思而已，所以此字在英文中最好不翻譯。

當你進行到〈法隨觀念處〉一節（見本書第一部·第四章）時，便會知道諸法是什麼。簡而言之，它們是五蓋、五取蘊、六內與六外入處⑱、七覺支⑲與四聖諦⑳。當心有貪欲，而覺知那是「貪欲、貪欲、貪欲」時，你便是在觀法，它們是五蓋之一，瞋與痴等也一樣。

這是四念處的簡短陳述，即觀身、觀受、觀心與觀法。

你會發現經中有許多重複，它們是無可避免的。你必須了解，這部經與其他所有教法，都屬於沒有書籍的時代，因此教法必須被背誦下來。當你背誦一個段落時，就得一再地重複它，藉由這些重複，對它的了解也將逐步加深。此外，當在聽

一段談話時，也無法像讀書一樣可以回頭去看前面。經文重複將幫助你了解得更完全，以便能更徹底地掌握其中的意義，重複雖然可能使人感到厭煩，但不能省略它們。

【原註】

① 引用《大念處經》之譯文段落皆以標楷體縮排來表示。

② The Expositor, p. 19.

【譯註】

❶ 念處(satipaṭṭhāna)意指「念」(sati)的「立足處」(paṭṭhāna)，修習念處觀即具有正念地觀照諸法。四種念處即指身念處、受念處、心念處、法念處，這是一套對正念與觀智完整的禪修方法。

❷ 《義釋》(The Expositor)：本書是《法集論》(Dhammasaṅgaṇi)的註釋——《殊勝義》(Aṭṭhasālinī)的英譯本。《法集論》是一部心理現象的論作，討論色、心等一切法的本質。《殊勝義》為覺音論師所作。

❸ 貝多羅葉(pattra)：即貝葉。「貝多羅」(pattra)是「葉」的音譯，屬棕櫚科的一種熱帶性植物，主要產於印度、錫蘭、緬甸、中國西南地區。葉片長且質地稠密，在紙張尚未發明以前，古印度以此記載佛經與宮廷文獻資料，現今南印度及南傳佛教地區仍有人繼續使用。

❹ 比丘(bhikkhu)：意譯為「破煩惱」、「怖魔」、「乞士」。

❺ 「沒有人陪伴」有兩種情況：（一）捨離群眾，獨處而沒有同伴；（二）透過內心的寂靜，而捨離愛欲。

❻ 道心：覺悟有四個層次：（一）須陀洹（入流）；（二）斯陀含（一還）；（三）阿那含（不還）；（四）阿羅漢。每一層次都有道心與果心，都已涅槃為所緣的對象，依作用而有分別。道心的作用，是永遠減弱或斷除諸煩惱；果心的作用，則是體驗相符的道心所帶來的某種程度的解脫。道心是善心；果心則是異熟心。

❼ 四種道心所斷除或減弱的煩惱是：（一）須陀洹道心能斷身見、疑、戒禁取三種煩惱，而入聖者之流。（二）斯陀含道心減弱貪、瞋、痴煩惱，只要在人間

或欲界天轉生一次，便可在那裡達到涅槃。（三）阿那含道心斷除欲貪與瞋恚，永遠不再返回此界，而在淨居天達到涅槃。（四）阿羅漢道心斷除色貪、無色貪、慢、掉舉、無明，而達到涅槃。

❽ 每一個道心只生起一次，且只維持一個心識剎那。與之相符的果心會緊接道心之後生起，起初只生起二至三個心識剎那，但過後當聖弟子進入果定時，果心便能連續地生起。

❾ 隨觀：意指依次隨順觀察、思維或領悟。

❿ 正知：即清楚覺知，通常與正念同時生起。共有四種正知：（一）有益正知：了知行動是否有益的智慧。（二）適宜正知：了知行動是否適宜的智慧。（三）行處正知：了知心是否不斷地專注於修止、觀業處的智慧。（四）不痴正知：如實了知身心無常、苦、無我本質的智慧。

⓫ 正念：「念」是將心穩定地繫在所緣上，清楚、專住地覺察實際發生於身上、身內的事，不忘卻也不讓它消失。

⓬ 五取蘊：「蘊」意指「積集」，五蘊即組成人身、心的五種要素：（一）色蘊：色即物質，包括四大種及其所造色。（二）受蘊：受即感受，包括眼觸等所生的苦、樂、捨等感受。（三）想蘊：想即思想與概念，是通過眼觸等對周遭世界的辨識，包括記憶、想像等。（四）行蘊：行即意志的活動，包括一切善、惡的意志活動。（五）識蘊：識即認識判斷的作用，由六識辨別六根所對的境界。這五蘊是被四種取（欲取、邪見取、戒禁取、我論取）所執取的目標，所以又稱為「五取蘊」。

⓭ 五蓋：「蓋」是指會阻止未生起的善法生起，以及使已生起的善法不能持久的心所。欲欲、瞋恚、昏沉睡眠、掉舉惡作與疑，即是會障礙禪定生起的五蓋。

⓮ 禪支：諸禪由稱為「禪支」的心所而分別，通過逐一捨棄較粗的禪支，增強定力以提昇較微細的禪支，即能進入較高的禪定。初禪有尋、伺、喜、樂、一境性等五禪支；第二禪有喜、樂、一境性；第三禪有樂、一境性；第四禪有捨、一境性。

⓯ 「世間」(loka)是指一切包括在五取蘊之內的世間法，「出世間」(lokuttara)則是指超越(uttara)世間(loka)，出世間法意指超越有為世間法的無為法——涅槃。

⓰ 貪俱心、瞋俱心與痴俱心：即與貪、瞋、痴等三種不善根「俱行」的心，這三種煩惱與心「俱行」是因為它們與心不可分離地交織在一起，猶如兩河會合，融為一體而無法分別。

⓱ 法所緣：即意根所緣的境界，在阿毘達磨中，法所緣有六種：淨色、微細色、心、心所、涅槃與概念。

⓲ 六內入處即是指六根──眼、耳、鼻、舌、身、意根；六外入處是指六境──色、聲、香、味、觸、法。由此六根與六境接觸，而生起眼、耳、鼻、舌、身、意等六識。

⓳ 七覺支：是七種使人覺悟的因素，或是領會四聖諦的特定知識，也是聖者所具有的特質，它們是念、擇法、精進、喜、輕安、定與捨覺支。當這些覺支充分發展時，便能引領行者到達涅槃。

⓴ 四聖諦：佛陀所說的四種真實不虛的真理：（一）苦聖諦；（二）集聖諦；（三）滅聖諦；（四）道聖諦。

第 一 章
身 隨 觀 念 處

1 入出息念

第一個念處是身隨觀念處，佛陀以十四種不同方式來描述它。換言之，他教導十四個身隨觀的不同主題❶。這些主題中的第一個是呼吸。佛陀說：

> 諸比丘！比丘如何安住於身，隨觀身體？於此，諸比丘！比丘前往森林、樹下或隱僻處，結跏趺坐❷，端正身體，置念面前，正念而入息，正念而出息。

選擇適合禪修的地點與姿勢

佛陀以「**前往森林、樹下或隱僻處**」，指出禪修的適合場地。第一處是「森林」，意指能提供隱居之樂的任何一種森林。由於場所一定要隱密，因此它應該是無人居住的森林，遠離村落、鄉鎮與城市的喧囂。在一些經典中，「森林」被定義為遠離人煙五百弓長之處，一弓長相當於六英呎，因此它相當於遠離人煙三千英呎❸處。只要遠離人群這麼遠，你便可以在那裡找到隱蔽。但如今，很難找到一個真正隱蔽的場所，即使在森林裡，仍可能聽到飛機的噪音。

經典提到的第二個地方是「樹下」，任何樹下都是適合禪修的地方，但它應該位於如森林中的靜處。第三個地方是「隱處」，它可能在城市或村裡，但一定要隱密。檢視這些地方，隱

密是最重要的條件。因此,只要是能提供隱密的地方,就是適合禪修的場所。

在其他經典中,傳統隱處的表列包括:森林、樹下、岩邊、山崖、洞穴、墓地、密林、空地與草堆[1]。參考這些表列,從「岩邊」起算的最後七處,也被視為「隱處」。

之所以提到這幾處,因為它們最適合初學者,他們需要一個安靜與不受打擾的地方。閉關中心或禪寺也能提供修行所需的隱密環境。對於那些有經驗,以及禪定已達到某種程度的人來說,任何地方都是禪修的好地方。

「(他)**結跏趺坐,端正身體,置念面前。**」佛陀以這些話,指出應如何為禪修作好準備,以及應選擇何種姿勢,他提到傳統的跏趺坐。東方人習慣坐在地板上,因此對他們來說,結跏趺坐很自然,以這種姿勢打坐並無困難。它是很好的禪修姿勢,很安詳,不會導致昏沈或掉舉。

跏趺坐有三種不同的形式。第一種是「全跏趺坐」(雙盤),它是最難維持的,若未經過練習,你無法以這種姿勢坐很久。當以盤腿的姿勢坐幾分鐘時,你就會感到疼痛。

第二種姿勢是「半跏趺坐」(單盤),將一腳放在另一腳上,並不相互纏繞。以這種姿勢,你可以坐久一點,但仍會感到一些壓力,一段時間後,腳也會麻木。

第三種是「散盤」,這種姿勢是一腳在前,而非放在另一腳之上。一些書籍稱這種姿勢為「緬甸坐姿」,因為在緬甸,多數人都如此坐。這種姿勢可能最適合初學者,因為它最輕鬆,初學者能以這種姿勢坐較長的時間,而不會感到不適。

有些人發現結跏趺坐很痛苦，痛到會妨害禪修。這些人可以坐在墊子、椅子或板凳上，因為對禪修而言，某種程度的舒適是必要的。雖然不可以太舒服，但某種程度的舒適是持續禪修所必需的。

「**端正身體**」，意指當禪者結跏趺坐時，必須保持身體挺直。當你坐直時，脊椎也是直的。當脊椎挺直時，十八塊脊骨會一一安穩交疊。當坐直時，你的肌、腱、皮與肉不會被扭曲，因此不會很快就感到疼痛，心便可在禪修時逐漸集中，不會因疼痛加劇而潰散，能關注於正念的增長②。

因此，結跏趺坐並保持身體端正，是促成禪定非常合適的姿勢。

「**置念面前**」，意指禪修者將心集中在禪修對象上。在此，禪修對象所指的是呼吸。因此，你將心專注於吸氣與呼氣上。

「**正念而入息，正念而出息。**」這是在解釋修習禪定的方法。當禪修時，你將心保持在呼吸上，不論吸氣與呼氣都保持正念。事實上，你將心放在鼻孔上，並觀察呼吸「入、出」，「入、出」等，心一定要停留在鼻尖，不可跟隨呼吸進出身體。你必須嘗試將吸氣與呼氣看成兩個分開的事物，吸氣在呼氣時不存在，呼氣在吸氣時也不存在。

當你練習入出息念(ānāpāna-sati)時，你可以用好幾種不同的方式觀察自己的呼吸③。這部經中介紹了其中四種。

入息長時，了知：「我入息長。」出息長時，了知：「我出息長。」

在觀察呼吸的過程中，有時禪修者的氣息恰巧較長。這時他應該了知：「我正呼吸長。」那意味著當他們專注於呼吸時，便不會錯失它。這並不表示你要為了覺知長的氣息，而須刻意拉長呼吸。在此的「了知」，是完全而非膚淺的覺知。

入息短，了知：「我入息短。」出息短時，了知：「我出息短。」

有時，禪修者的氣息恰巧較短，這時他們完全覺知正在呼吸的氣息是短的，而不會錯失它。在此也是如此，你不應刻意縮短呼吸，而只是了知正在呼吸的氣息是短的。

「我當覺知全入息身而入息。」他如是精進（字面原意為「他訓練自己」）。「我當覺知全出息身而出息。」他如是精進。

當你觀察自己的呼吸時，一定要嘗試清楚地看見呼吸的全部。「**我當覺知**」意指了知呼吸，如實覺知它們，嘗試看清它們。在巴利語原典中，「**全入息身**」（sabbakāya），直譯為「全身」。但kāya或「身」並非指「全肉身」，而是「呼吸身」。巴利語的kāya可以指肉身，也可表示「集合」，類似於團體中的成員。在此並非指全肉身，而只是指呼吸，「全」在此代表初（開始）、中（中間）、後（結束）。因此，禪修者必須嘗試看清每個呼吸的初、中、後段。同時我們也不能忘記，這節的主題是「入出息念」，因此這個禪修的對象必定是呼吸，而非全肉身。

底下的解釋出自《清淨道論》：

「我於全出息身的初、中、後，為令覺知明白其出息而
學；我於全入息身的初、中、後，為令覺知明白其入
息而學。」如是為令（出入息的一切身）覺知及明白
者，以智相應心出息與入息。④

你一定已注意到這一段的未來時態。它是為了表示在之前
的觀察呼吸中，你並不需要太多智見，無須太努力去分辨長或
短的呼吸。但從此之後，你必須努力獲得智見，努力看清與看
透呼吸。那就是為什麼在這裡與接下來的段落中都使用未來時
態的原因。

這並不表示禪修者應更用力呼吸，好讓呼吸變得更清楚。
只有在能清楚洞見呼吸的初、中、後段時，他們的定與智或慧
才可說是深入與透徹的。當他們因為更用力呼吸而看清呼吸
時，表示他們能如此並非因為定與智，而是因為對象很粗。因
此，禪修者不應只為了更容易看清呼吸而更用力地呼吸，當如
此做時，很快就會疲累不堪。所以，應保持正常呼吸。

當修習這種禪法時，你應在正常呼吸下，嘗試努力獲得智
見，以看清呼吸的全身。為了看清呼吸，你需要多少法呢？在
每個清楚觀察的活動中包含多少因素呢？你需要精進、念、定
與慧。

「我當安定粗的入息（字面原意為「身行」）而入息。」他如
是精進。「我當安定粗的出息而出息。」他如是精進。

在這段經文中，呼吸被稱為「身行」，它的巴利語是kāya saṅkhāra。kāya是「身」，saṅkhāra是「行；受……所影響的」(conditioned)。因此，意指「被色身影響、決定的事物」。經上說呼吸是因為識或心而生，但若無身，則無呼吸。因此，雖然它是因心而生，但呼吸憑藉身而生起或出現。因此，它被稱為「身行」——被色身影響、決定的事物。

「行」(saṅkhāra)在巴利語中是個難懂的字，它有多種涵意，須視上下文而定。有時它是指「思」（意志）❹，我們稱之為「業」(kamma)❺，例如緣起法(paṭicca samuppada)中「無明緣行」的「行」。有時它代表的是行蘊中，以「思」為首的「五十心所法❻」。有時它代表「世間一切有為法❼」，例如「諸行無常」的「行」。有時它表示「慫恿」❽，如阿毘達磨中「無行的」（asaṅkhārika）一詞。此處它有「影響、決定某物」之意，因而「身行」在此意指「受色身所影響的呼吸」。

kāya saṅkhāra這個字也有不同的翻譯。在佛教字典(Buddhist Dictionary)中，將它譯為「身體功能」(bodily functions)，而索瑪長老(Soma Thera)在《正念之道》(*The Way of Mindfulness*)中，譯為「身體活動」(activities of the body)。髻智比丘 (Bhikkhu Nyānamoli)在《清淨道論》(*The Path of Purification*)中，譯為「身體姿勢(bodily formations)」❾，向智長老(Nyānaponika Thera)在《正念之道》(*The Heart of Bhddhist Meditation*)中，譯為「身體功能」。智靈長老(Nyānasatta Thera)將它譯為「身體活動」。在此它的意思就只是「呼吸」，此處應理解為「粗的入出息」，因為必須讓它安定下來。

所謂「安定粗的入息」，不應理解為要刻意去安定、壓抑與止住呼吸。在此是指當呼吸變得很微細時，禪修者必須努力嘗試、注意與更精進地去識別它。呼吸不像其他禪修對象，會隨著定與慧的增加，而變得愈來愈清晰。當禪修者愈來愈進步時，所緣的對象——如地遍(kasiṇa)⑩或其他禪修對象，在心中會變得愈來愈清晰。呼吸的情況與此不同，隨著禪修的進步，它愈微細，便愈難辨認。

當你不在禪修時，心與身都會不安。根據你心與身的情況，呼吸會顯得粗重。但當持續禪修時，心與身變得愈來愈安定與平靜，呼吸也變得愈來愈微細。禪定的成就愈高，呼吸就變得愈微細，以至於你必須觀察它們是否存在。在某一點上，它們可能微細到讓人懷疑它們是否還存在。由於你找不到任何可察覺的事物，便可能會以為呼吸已停止。這時，你應對自己說：「我沒有死，沒有窒息，我還活著。但我無法察覺呼吸，因為它們太微細，而我的定與慧還不夠敏銳與深入。因此我應更用功，更注意禪修對象，並嘗試認出這些微細的呼吸。」當你持續精進，並獲得更多的慧時，無論呼吸多麼微細，都能認出它們來。

在禪修過程中，當呼吸變得愈來愈微細時，別放棄修行。你一定要不斷策勵自己察覺微細的呼吸，直到它們再次變清晰為止。這就是「安定粗的入息」的意思，你必須再更加精進。

在經中，佛陀指出四種呼吸禪法。當你如此禪修時，應該完全察覺長的呼吸、短的呼吸、呼吸的全程與難以察覺的微細呼吸。

因此，你有四種入出息念法。第一，當吸氣長時，你必須注意正吸氣長。第二，當呼氣長時，必須注意正呼氣長。第三，當吸氣短時，必須注意正吸氣短。第四，當呼氣短時，必須注意正呼氣短。這就是四種入出息念法。

為了使比丘們更清楚了解這個教法，佛陀舉了一個比喻。他說：

> 如熟練的轆轤⑪匠或他的學徒，在做一個長的轉動時，
> 了知：「我做一個長的轉動。」做一個短的轉動時，了
> 知：「我做一個短的轉動。」

「**長的轉動**」意思是製作如鼓的大型器物，工匠必須在車床上做較長的轉動。「**短的轉動**」意思是製作如象牙指針的小型器物，工匠必須在車床上做較短的轉動。在做這些轉動時，製作者必須覺知他是在做何種轉動。

> 如是，他安住於身，隨觀內身；或安住於身，隨觀外
> 身；或安住於身，隨觀內、外身。

「**隨觀內身**」是什麼意思？它是指禪修者觀察或覺知自己的呼吸，當將心持續放在呼吸上時，如此就是在「隨觀內身」。當你逐漸熟練於覺知自己的呼吸時，偶爾可能也會想到別人的呼吸。「就如我的呼吸有始末與生滅，其他人的呼吸也是如此。」你就這樣觀察別人的呼吸。你這麼做時，就是在「**隨觀外身**」。它的意思並非要你看著別人，並觀察他們的呼吸。然而，當你湊巧觀察別人的呼吸時，也應對它們保持正念。有時你觀察自

己的呼吸，然後再觀察別人的呼吸，然後是自己的呼吸，如此來回觀察自己與別人的呼吸。當你這麼做時，就是在「**隨觀內、外身**」，它的意思並非要你看著自己與別人的呼吸。

他安住於息身，隨觀生法；或安住於息身，隨觀滅法；

或安住於息身，隨觀生、滅法。

在此的「**生法**」是指引生呼吸的因素，註釋者以比喻來解釋。當鐵匠想要生火時，他使用風箱，有風箱、風箱一端的噴嘴，以及鐵匠的努力。憑藉這三者——風箱、噴嘴與鐵匠的努力，空氣被唧出以生火。同樣地，為了產生呼吸，你需要身體、鼻孔與心，藉由這三者，在身體中製造出每個呼吸，缺少它們，就沒有呼吸。因此，這三者被稱為「呼吸的生法」。當你在修習入出息念時，有時會生起一種念頭：「因為有身、鼻孔與心，才有這個呼吸。」當如此觀察時，你就是在「隨觀息身的生法」。

「**滅法**」的意思剛好相反。如果沒有身體、鼻孔與心，就不可能有呼吸。摧毀身體、破壞鼻孔，以及停止心的功能，這三者即名為「呼吸的滅法」。因此，當觀察這三法時，就是在「隨觀息身的滅法」。當觀察全部六法時，就是在「隨觀息身的生、滅法」。

這並非意指你應刻意去尋找息身的生、滅法，而是指在禪修時，當這些生、滅法的念頭生起時，你應只是認出呼吸的生或滅。這些解釋是古代註釋書所說。

馬哈希法師對此有所補充。他說觀察呼吸的生與滅，也是

這一段要表達的意思。「生法」的巴利語是samudaya dhamma，它可以表示「事物生起的因素」，也可理解為「生起的狀態或本質」，或只是「生起」。「滅法」也是如此，它的巴利語是vaya dhamma，可表示「事物壞滅的因素」，也可理解為「壞滅的狀態」，或只是「壞滅」。

因此，法師認為禪修者徐徐地在每個瞬間與任何位置（例如呼吸碰觸鼻端），仔細觀察呼吸的生起，就是在觀察呼吸的生法，或呼吸的生起。又，禪修者徐徐地在每個瞬間與任何位置（例如呼吸碰觸鼻端），仔細觀察呼吸的壞滅，就是在觀察呼吸的滅法，或呼吸的壞滅。

當觀看呼吸時，你先看到呼吸的開始，然後呼吸的結束，以及看到它的消失。當仔細觀看時，你觀察呼吸的生起與消滅。因此，看呼吸的生與滅，比看呼吸的生滅因素，更加自然與可能。然而，你也無法排除在禪修當中看見生與滅的因。因此，兩種解釋都適用於這一段。對於第二種意思，譯文應改為：「他安住於息身，隨觀生起的本質；或安住於息身，隨觀壞滅的本質；或安住於息身，隨觀生起與壞滅的本質。」

或他建立起「唯有息身」的正念。

在本經中，kāya（身）一字有許多用法，它的意義必須根據上、下文來解釋。這一節是在討論呼吸，所以當看到kāya這個字時，你必須了解它是指「息身」。因此，當行者於呼吸保持正念時，他建立起「**唯有息身**」的正念。當持續將心放在呼吸上時，你除了呼吸，什麼也看不到。只有呼吸，沒有個人、生

命、女人、男人、個體、我、我所、靈魂或靈魂所有等。只有呼吸，沒有調節、命令或創造呼吸的人；就只有呼吸。如此，正念才得以建立起來。

如此建立正念，只為了更高的智慧與正念。

這意味著建立「唯有息身」的正念，是為了達到更上一層的智慧與正念。當將呼吸當作觀禪來修習時，你從這一階段上升到另一階段，從較低的智升到較高的智，最後到達最高的智。建立正念是為了幫助你到達最高的智與定，當你未看見「唯有息身」，而看見呼吸是恆常的，或有主人、靈魂、自我或任何常存的實體時，你將無法在觀智的道路上有所進步。因此，「唯有息身」的正念是發展智慧所必需的。

他於渴愛與邪見，無所依而住。

當你持續將心放在呼吸上，觀察它，並了解它每一剎那的來、去時，你將看不到任何可貪著的事物。呼吸來了又去，你無法貪著它，它就只是呼吸。當達到較高階段的觀智時，你將看見身心諸法的生與滅，其中找不到任何經由渴愛或邪見而可貪著的事物。你有時會貪著或渴愛事物，你想要某物，喜歡某物，因而貪著它。有時你對這些事物具有邪見，當你認為事物恆存時，便擁有邪見。你認為它們很可愛，且會永遠存在，或如果它是一個人，此人便具有常存的實體或靈魂。當你持有這些見解時，便是擁有邪見。因此，經由邪見或渴愛，你會變得貪著事物。然而，當逐漸了解呼吸與身心的真實本質時，你將

找不到任何可貪著或依附的東西。

他亦不執著五取蘊世間任何事物。

「**五取蘊**」是指被當作貪著或執取對象的五蘊。它們是色蘊、受蘊、想蘊、行蘊與識蘊。簡而言之，世間一切事物皆屬於五蘊其中之一。看見事物的真實本質後，觀行者不會執著世間任何事物，因為已對事物不再渴愛，遑論執取。

諸比丘！比丘如是安住於身，隨觀身體。

至此，結束入出息念的教法。

覺知呼吸，修習止禪

入出息念既可修止，也可修觀⑫。修止的意思是修定，藉此可獲得禪那(jhāna)⑬；藉由修觀可斷除煩惱。修止與修觀不同，當你在呼吸上修止時，持續將心放在呼吸上，並逐一數息，計數時不要低於「五」也不要高於「十」⑭。數時從「一」到「五」，或從「一」到「六」，乃至從「一」到「十」，端視何者較適合你而定。例如，「入一、出一；入二、出二；入三、出三；入四、出四；入五、出五」，然後再重頭，「入一、出一；……」等，或者可以數到「六」，或數到「十」。

開始時，你應該慢慢數。數息的目的是幫助你將心固定在禪修對象上，可將之比喻為拿繩子綁東西。一旦你透過數息獲得禪定，且能停留在對象上而不分心，就可放棄數息，只是保

持覺知呼吸。起初你數息，然後練習不數息就能將心和呼吸結合或集中在一起。你只是保持呼吸的覺知，它將會變得愈來愈微細。

有時，你會看見似相(nimitta)⑮，不同的人有不同的似相，每個人所見似相的次數與種類也都不一樣，如果你問十個人，可能會得到十種不同的答案。相異的個體有不同的意向、性情與觀念，因此，所見的也各不相同。在經典中，描述似相「似星辰般」顯現。你可能會看見它們「似星辰般」，也可能會看見似相如星辰、寶石串或珍珠般顯現；或有粗糙觸感的，如絲棉種子與心材所作的木栓；或如長辮繩、花環、煙霧、蜘蛛網、雲朵、蓮花、車輪、日輪或月輪等。這些似相會在禪修者達到某種專注程度時出現⑯，然後他們進入禪那，從禪那可以轉移到「觀」。

保持正念，修習觀禪

當你將入出息念當成觀禪來修習時，你不必數息，只是持續在呼吸上保持正念，並根據四個階段來修習——息長、息短、了知全息身與安定粗息。

在觀禪中，你可能不會看見似相。然而，如果看見它們，只要覺知它們是「看見、看見、看見」等。一段時間後，你會洞見心與身，然後愈來愈進步，直到覺悟的階段為止。在本經中，重心放在修觀而非修止，因為觀察「生法」與「滅法」只有在修觀時才有可能。在修止時，你並不觀察對象的生與滅，

而只是持續將心放在禪修對象上，如此而已。當在觀察興衰或生滅時，你對任何事都不貪愛與執著，這意味著「觀」而非「止」。

在本經中，每個禪修對象都導向「觀」，雖然在早期階段，它可能是修「止」。當你修習觀禪時，持續覺知呼吸與當下經由六根門顯現的事物。當看見某事時，立即覺知它；當聽見某事時，也是如此。當想到某事，或散亂、分心時，也同樣覺知它們。這就是修止與修觀的不同，修止時你只是持續覺知禪修對象，而忽略其他一切事物；修觀時，你持續覺知出現的一切事物——當下顯現在你面前的一切事物。

在此經中，你了知每個禪修對象都導向「觀」，因為在每一節的末了，你都會看到這樣的字句：「**他安住於身，隨觀生法。……**」

【原註】
① Majjhima Nikāya（《中部》）, 1979, i., p. 181。
② The Path of Purification (Visuddhimagga), 1976, Ch. VIII, p. 290。（譯按：中譯文參見葉均譯，《清淨道論》，正覺學會印行，2000年，頁272。）
③ 同上註，p. 286。中譯文參見頁268。
④ 同上註，pp. 294-95。中譯文參見頁274。

【譯註】
❶ 佛陀所教導十四個身隨觀念處的不同主題，包括（一）入出息念；（二）四種威儀；（三）四種正知；（四）不淨觀；（五）四界分別觀；（六）至（十四）是墓園九相。
❷ 結跏趺坐：佛陀的坐法，「結」意指「盤」，「跏趺」即完全盤腿而坐。
❸ 三千英呎約九百多公尺。

❹ 「思」心所是造作善業與惡業的主要心所。

❺ 業 (kamma)：意指「造作」，是由身、語、意所造作的行為、作用、意志等身心活動。若與因果關係結合，則指由過去行為延續下來所形成的力量。

❻ 心所法：與心同時生起的名法，通過執行個別專有的作用，來協助心識知對象。一個心與許多心所同時生滅，緣取同一個對象，而構成感覺或知覺的心理活動。在行蘊中，共有五十個心所。

❼ 有為法：即泛指因緣和合而成的法，是世間共許的實相。反之則是「無為法」，是指非由因緣和合而成的法，即涅槃，它是脫離有為法之苦，而達至最終解脫之法。

❽ 阿毘達磨中，「行」有時是指慫恿、煽動、激起，或採取某種方法，這是較少用的定義。「有行」是指有受到慫恿的心，這慫恿可以是來自他人或自己，透過身、語、意三種方面來進行。若並未受到慫恿，或某種方式的刺激，而自動生起的心則稱為「無行」（asankhārika）。

❾ 「此等身行如身的前屈、側屈、全屈、後屈、轉動、顫動、搖動、震動等：（粗的）身行我令安息出息而學之，（如此等粗的）身行我令安息入息而學之。此等身行如身的不前屈、不側屈、不全屈、不後屈、不轉動、不顫動、不搖動、不震動等寂靜微細的身行，我令安息出息入息而學。」詳見《清淨道論》第八〈說隨念業處品〉。

❿ 地遍(kasina)：十種修定的業處之一。稱之為「遍」(kasina)，是因修習這十種業處時，必須將其似相擴大至十方無邊之處。修習地遍時，禪修者可準備一個直徑大約三十公分的原盤，填滿黎明色的泥，將表面弄平，製作成地遍圓盤。將之放置在眼前一公尺處，觀察它為「地、地」。詳見《清淨道論》第四〈說地遍品〉。

⓫ 轆轤是一種古代用於汲水或吊重物的機械裝置，構造與滑車原理相似。一般是在一個架子上，裝一個能靈活轉動的圓輪，圓輪周邊有略微凹下的小槽，槽中嵌以繩索，用力拉繩的一頭，圓輪隨繩轉動，繩的另一端就上下移動，可以提取水桶或重物。此外，用來拉坏的旋盤也稱為轆轤。

⓬ 於入出息念修止，是指專注於呼吸，持續保持正念而不忘失，正念就會愈來愈強，定力也會隨之提升，當定力提升到某種程度時，呼吸會變成禪相，若能持續專注於禪相，便能證得禪那。而修觀則是觀呼吸的自相——冷、熱、流動等，以及觀呼吸的共相——無常、苦、無我等，可生起觀智而得解脫。

⓭ 禪那(jhāna)：即心完全專一的狀態，包括四色界禪與四無色界禪。

⓮ 數息時不低於「五」也不高於「十」。因為若低於「五」，心在破窄的空間內，可能會生苦惱；若高於「十」，則可能只會作意於呼吸的次數，而忘了要專注於呼吸本身。

⓯ 似相(nimitta)：三種禪相（遍作相、取相、似相）之一，禪相即禪修時內心專注的目標。禪修者觀察地遍圓盤等時，該目標即為「遍作相」。在觀察遍作相後，心中生起與肉眼所見相同的影像，即為「取相」。專注於取相時，與之類似、更為純淨的「似相」就會生起。似相只出現在遍處、三十二身分與安般念等修法，通過似相而生起近行定與安止定。

⓰ 似相要在近行定時才會生起，近行定是指接近安止的定，相對於心完全專一狀態的安止定（即禪那──四色界定與四無色界定）而言，其禪支尚未強固，定心無法長時持續。

2 身體姿勢

身隨觀念處的第二小節題名為「身體姿勢」。「姿勢」在此是指身體的四種儀態——行、住、坐、臥，行者利用這四種姿勢修習正念。

佛陀說：

> 復次，諸比丘！比丘行走時，了知：「我正在行走。」站立時，了知：「我正在站立。」坐著時，了知：「我正在坐著。」躺臥時，了知：「我正在躺臥。」無論何種姿勢，皆如實了知。

「比丘了知」在此是指禪修者徹底與深入地了知，他不只是浮泛地認識，而是深刻地認知正在進行中的事。禪修者清楚了知行、住、坐、臥，於行走時，你一定要清楚了知「我正在行走。」於站立時，了知：「我正在站立。」於坐著時，了知：「我正在坐著。」於躺臥時，了知：「我正在躺臥。」正念必須被運用在身體的一切姿勢上。

最後一句，「無論何種姿勢，皆如實了知」，可以有不同的解釋方式。註釋者解釋這句是通稱這四種姿勢，並無別於先前的陳述，也就是當禪修者在行走時，他應該了知：「我正在行走。」在站立時，了知：「我正在站立。」如是等等。然而註疏者卻對這句話增加了別的解釋，根據他的說法，在「**於行走時，比丘了知：『我正在行走。』**」等句，強調的是不同姿勢；

但在最後一句，「**無論何種姿勢，皆如實了知**」強調的則是全身。因此，當你了知全身正在行、住、坐、臥時，你是在遵行最後一句的指導。但當你在行走時，了知：「我正在行走。」如是等等，則是在遵行之前的教法。

馬哈希法師另外又作了一些補充。他說這句也包含身體的一切小動作與姿勢，不只行、住、坐、臥，還有屈、伸、仰、傾等。修行者習禪，特別是觀禪，不能不對小動作與舉止保持正念。當你不注意這些小動作時，便可能緣於渴愛或邪見而習慣性地執著它們，你必須覺知當下出現的一切事物。

因此，在「**無論何種姿勢，皆如實了知**」這句，也應納入其他一切動作，不只在四種主要姿勢，在各種小姿勢上都應修觀。應隨時修觀，而非只有在閉關時。

對於這個說法或教導曾存在一些誤解，它們並非最近才出現。這些誤解在註釋書出現之前就已存在。屬於此經的部派註釋，記載於兩千一百年前，那時對於「他在行走時，了知：『我正在行走』」等意義的誤解便已存在。

有些人不了解這段說法的意義，便嘲笑這種禪法，而說：「即使不修禪的一般人，甚至動物，當他們在行時，也知道：『我正在行走。』他們不會在住、坐、臥時，知道：『我正在行走。』因此，當禪修者在行走時了知我正在行走，諸如此類的教法有什麼意義呢？如果當某人在行走時，了知：『我正在行走』，便稱為禪定或念處，則所有人豈不隨時都在禪修。因此，未禪修的一般人和禪修者，兩者的了知之間有什麼差別呢？」

未禪修者粗淺地覺知行走

答案是，兩者南轅北轍。讓我們看看未修行的人如何在行走時，了知：「我正在行走。」未修行的人於行走時了知「我正在行走」，他們在動作發生時，並未念念分明。他們可能間斷或粗淺地覺知行走，但他們無法一直對它保持覺知，行走的意欲(intention)與「正在行走」的動作並未同時發生。因此，他們的了知是粗淺的或不正念的。他們在行走時，說「我正在行走」，此時，並未看見屬於心理的意欲，與屬於物質的身體動作，兩者是分開的。他們對於行走只有一個模糊的概念，認為心與身一起動作，而未清楚看見與區別名法與色法❶。他們並未禪修，因此不會特別注意當下正在發生的事。由於他們的認知是粗淺的，因此無法洞見緊接在意欲的相續剎那之後，便是身體的連續動作。

禪修者覺察行走只是意欲與動作

據說在眨眼時，有數百個心識剎那(thought moment)❷生滅，這些剎那可能引生一些色法。我們有四大❸——地、水、火、風，在動時，由風界主導。欲望或意欲在準備移動的身體部位引生風界，風界造成身體或身體部位的移動。

當你在禪修中未仔細觀察行走時，就不會知道行走是由欲望或意欲引生的連續動作所組成，而可能會認為行走是某人，或某種更高權威，或某種恆存實體所造成。你不會知道行走的

動作只是意欲與行走所組成，並無其他，其中既無個人，也無有別於意欲與行走的生命體。沒有一個「我」、「男人」或「女人」，就只有意欲與行走或身體動作一起發生。你不會知道這些，因為你對於行走是什麼只有非常模糊的概念。

若未透過禪修仔細觀察，你不會知道意欲與行走或身體動作不會延續存在到下一剎那。你會以為在行走剎那發生的意欲與行走，會延伸到下一剎那，然後輾轉往下遞延。你將行走的過程視為一個連續而永恆的過程，而不了解在每一剎那間，意欲來了又去，身體動作與風界也來了又去。因此，你不能說意欲的一個剎那移到下一個剎那去。

每個剎那都生起，然後消失。這是禪修者在禪修時的體驗，但不禪修的人並不這樣看事情。

他們對於走或行的知識是不正念的。你可以在街上攔下正在走路的人，然後問他們在想什麼，大多數的人可能想到的是除了行走以外的其他事，他們可能想著家或工作。雖然在某些時刻，他們可能知道自己正在走路，但這種覺知是粗淺的。

人們以為是同一個人或個體，曾存在於過去，正存在於現在，也將存在於未來。他們也許對無常有些模糊的概念，但認為曾存在、正存在與將存在者是同一個人。因此，他們的了知無法去除「有身見」（sakkāya-diṭṭhi，音譯為「薩迦耶見」），認真分析起來，它其實並不存在。除了意欲與身體的動作之外，沒有人或個體。

他們因為未看見在每個當下，意欲與動作的生、滅，而執著「有身見」。他們的了知無法放棄恆存實體或靈魂的概念，可

能認為在行走與意欲之外，另有實體存在，它操縱與控制著行走。因此，他們的了知不能稱為「業處」（kammaṭṭhāna）❹之果，或禪修之果。

禪修的巴利語kamma-ṭṭhāna（業—處），它被定義成是廣修的條件。當它是禪修——業處時，就必須是助長修行的條件。未修禪者的了知無法成為廣修的基礎或條件，因為這種了知是粗淺的。這種人不了解行走是什麼，因此它不能稱為「業處禪」（kammaṭṭhāna meditation）。由於這種粗淺的了知缺乏正念，因此也不能稱為「念處」。

禪修者和未禪修者的了知有很大的差異。當你在行禪時，你清楚覺知每個動作，會注意步伐的三個階段：舉起、移動、放下；舉起、移動、放下，仔細觀察行走的過程。當你在禪修時，每跨出一步都能清楚地覺知，覺知每個意欲與行走的本身。只要你有足夠的定力，便能覺知並進而觀察每個自發行為之下的意欲。

當在練習行禪時，有些修行者覺得好像有人或東西在背後推動，那是因為他們了解是意欲在移動他們的身體，他們清楚看見意欲與動作。每一次只有意欲與動作，他們覺知它們，因為他們仔細觀察行走的動作。當看見意欲與動作時，他們能區別兩者。行走的意欲促成行走，先有行走的意欲，接著才有行走的動作。他們分別這兩者，這是禪修者在禪修時觀察的事。

看見意欲與動作剎那生滅

　　他們也看見，因為有欲望或意欲的相續剎那，才有身體的連續動作。在一眨眼時，可能便有數百個剎那來去，因此可能有數百個移動的剎那。對你來說，這些小動作看起來會是一個大動作。禪修者在運用正念行禪時，逐漸了解這點。

　　禪修者了知在行走時，只有意欲與行走，並無其他。你看不到一個「生命」、「個體」、「人」或「我」在行走。在行走中，你只看到這兩件事。

　　當仔細觀看意欲與動作時，你逐漸了知這些意欲與動作非常快速地來與去，它們並不持久，在每一剎那生起又消滅。當你真正達到禪定時，便可看見這點。因此，禪修者的了知是徹底、清晰與精確的。

　　當你除了意欲與行走之外，看不到任何人或個體時，便不會將行走視為某人在行走，而只是意欲與動作在發生。你看不到任何人──任何行走活動的媒介。當你看見意欲與動作在每一剎那生與滅時，才了解到正在行走的是心與身，它們與前一剎那存在者皆不相同。在每一剎那，某個新的事物生起─新的心、新的色或身，而舊者則消失。

　　你了知心與身或剎那存在的意欲與行走，在下一剎那並不存在。那一剎那它們全然消失，而下一剎那又有新的意欲與新的動作。在每一剎那，它們都更新自己，或者可說是新的意欲與新的動作生起。

　　禪修者逐漸了解，現在正存在者異於過去曾存在者，且異

於未來將存在者。在每一剎那,現在、過去或未來,每件事都不斷在變動,生起與消失。當禪修者了知此點時,他們的智能幫助自己斷除「有身見」。當你了解只有心理的意欲與身體的動作時,你在行走的活動中看不到任何人或個體。仔細觀察行動與心境的禪修者,他們的智將可斷除「有身見」,乃至「我見」(attan-diṭṭhi)。

他們對於行走的深刻了知,是能廣修的基礎或條件。禪修者將持續觀察每一剎那生起的現象,並逐步培養愈來愈深入的禪定與智慧,直到達到究竟的果位為止。你在此階段的了知,是廣修禪定與智慧的基礎或條件。如此,它才能真正地稱為「業處禪」。

對於那些禪修並觀察行、住、坐、臥者來說,只有當正念安住於心中時,才能稱為「念處」。因此,禪修者的了知,既是禪修,也是念處。而未禪修者的一切作為,既不能稱為「業處」,也不能稱為「念處」。

誰在行走?

當禪修者深入、清楚並準確地了知行走的活動成份,了知只有行走的意欲與行走本身,並無其他東西時,他們的了知便可說是徹底的。它和三個問題有關:「誰在行走?」「那是誰的行走?」「行走為何發生?」若你問禪修者:「誰在行走?」,答案將會是「沒有任何人或個體」,由於他們看見在行走的活動中,只有行走的意欲與風界擴散造成的動作。除了行走的意

欲、風界的動作與身體各部的後續動作之外，他們看不到任何人或個體在行走。

「那是誰的行走？」是否有個人或掌權者擁有行走或主宰它？我們看不到任何像那樣的人或事物。因此，對於第二個問題的答案是，「那不是任何人或個體的行走」。由於沒有任何人或個體，因此並無任何行走是屬於那個人或個體，只有意欲與動作，如此而已。沒有個人，也沒有擁有行走的人，更沒有人或掌權者在主宰行走的活動。「行走為何發生？」因為心理活動衍生風界的擴散，才產生行走（四界在本節稍後將會討論）。當你想要行走時，首先有行走的欲望或意欲，然後它引發風界在身體各部位生起，例如與行走有關的腳部，於是風界造成身體各部位移動。

為何有行走？因為有這三種因素：欲行走的心、由心引發的風界，以及由風界移動所造成身體各部位的動作。假設有輛馬車，套在四匹馬上，且有個車夫。這個人要馬移動，於是牠們移動，隨著牠們的移動而拉動馬車。身體的移動就如同馬車移動，身體猶如馬車，它是被某物移動。馬就如被心推動的風界，心就如車夫，心或車夫造成風界生起或馬匹移動。隨著風界移動，全身跟著移動。因此，行走或移動是心、風界與動作這三種因素一起發生所構成。我們稱此為「行走」。

禪修者徹底了知這三個問題的答案，在這個行走的活動中看不到任何個人或恆存的實體，且了解「人在行進」或「人在行走」的用法只是為求方便，而非反映實相。你使用這種說法與詞彙，但事實上除了意欲與身體各部位的實際動作之外，並

無任何個人、男人或女人在行走。

支持行走的因緣

因此，禪修者如實地了解「行走」，而非如表面所顯現的去了解。這意味著，禪修者對「行走」擁有真實的智或正確的智。以同樣的方式，他們也了知住、坐、臥與身體的其他一切細行。因此，身體的移動，是因有心引生風界，而風界再造成身體移動。如果沒有心，就不會有移動，因為沒有風界的緣故；缺乏風界，身體根本就不可能移動。

在註釋書中，我們發現如下幾首偈頌：

如船被風吹而行，
似箭被弩力所發，
此身前行亦如是，
全由氣鼓動造成。
如傀儡後纏絲線，
此身偶受心操控，
身因彼而移、住、坐。
若無因緣之支持，
憑己內力住或行，
如此之人何處尋？①

沒有這些支持的因緣，就不可能有行、坐、住或移動。

因此，你透過禪修學習如何看事情。你只是藉由仔細觀察

當下發生的事，來達到直觀。你透過六根門，觀察當下生起的事。因此，禪修者的了知與未禪修者的了知大不相同；事實上，兩者南轅北轍。唯有禪修者達到這種智——了知只有意欲與行走本身，兩者是分開的，彼此相生，並在每一剎那都看見意欲與行走的生、滅。此時，對於正在進行的事，他們才可以說是具有正智與正見。

> 如是，他安住於身，隨觀內身；或安住於身，隨觀外
> 身；或安住於身，隨觀內、外身。

當禪修者觀察自己的行、住、坐、臥與其他細行時，他們就是「於內身隨觀身」。有時在禪修時，你可能會想到別人在行、住、坐、臥，並思維，「就如我行走與坐著，都是無常的，且是由意欲所引生，其他人的行、住、坐、臥，也將是如此。」如此觀察，你就是在「於外身隨觀身」。這並不表示你在別人禪修時刻意觀察他們，而是在禪修時剛好想到別人，「就如我行走或移動是無常的，來來去去，其他人的來與去也是如此。」當禪修者如此觀察時，他們便是在「於外身觀身」。

有時禪修者來回觀察自己與別人的行走，當他們來回觀察時，他們便是在「於內、外身觀身」。這並非刻意去做的，它發生在禪修者於禪修期間想到別人時，這稱為「類比觀」(inferential vipassanā)。

因此，我們有兩種內觀——「直觀」(direct vipassanā)與「類比觀」。你在自己的行、住、坐、臥上修習直觀，但當你在別人的行、住、坐、臥上禪修時，則練習「類比觀」。「就像我

的行走是無常的，其他人的行走也是如此。」藉由類比，禪修者觀察別人的行、住、坐、臥。（參見〈第三部・禪修指導〉）

> 他安住於身，隨觀生法；或安住於身，隨觀滅法；或安
> 住於身，隨觀生、滅法。

這段將一再重複。經中提到的「生法」，是指身或色法生起的因，以及生起本身。色法的生起有各種因，如果沒有阿毘達磨的知識，將很難看見這些因❻。

你們今天在此是因為過去曾做了一些事，是因為你們的業。「業」是身體生起的因，因為你對「存有」(bhavā)有些渴愛，業因而生起。你有這個渴愛，是因為你的無明(avijjā)。雖然你說知道關於渴愛的一切，但其實你是無知的，這無明造成你渴望更好的生活。你累積業，並轉生人間善趣。

因此，此世生起的色法有各種因，包括過去的無明、渴愛與業，以及此世維持身體存活的食物。食物也是色法生起的因之一。有時在禪修期間，修行者思維、隨觀身體生起或色法生起的因。此世身體生起，是因為我有業或渴愛，或因為我無知。

此外，禪修者將了解「生起」的本身。對於缺少阿毘達磨知識的禪修者而言，看見生起比看見生起的因容易。當禪修者注意行走時，他們看見欲望與動作的生起，當看見四個因或生起本身時，他們便是在「觀生法」。

「滅法」是沒有無明、渴愛、業與食。它們是色法消失或壞滅的因，或壞滅本身。當禪修者觀察滅法時，他們開始看見欲

望生起，且注意欲望——「欲、欲、欲」，然後它消失。前一剎那有動作，下一剎那它便消失。因此，當禪修者注意正在發生的事時，他也將看見各種現象的壞滅或消失。當認出這些法其中之一時，你便是在「於身隨觀滅法」——四個因與一個滅。對於生法而言，也有四個因與一個生。

然而，當你達到「思維智」❻時，你便能清楚看見壞滅相。當你達到「生滅隨觀智」❼時，你便能洞見生與滅。當你達到下一階段，「壞隨觀智」❽時，隨觀生與滅就會變得更清晰。因此，當你達到這些階段時，便非常清楚地看見兩者。

> 或他建立起「唯有身」的正念，如此建立正念，只為了
> 更高的智慧與正念。

當禪修者完全覺知於身中所行之事的時候，他們只看見身，既無個人也無恆存的實體。在早期階段，你可能還未清楚了解「唯有身」；但當你進步時，正念將安住於「唯有身，並無其他」。

> 他於渴愛與邪見，無所依而住。他亦不執著五取蘊世間
> 任何事物。

當禪修者看見各種現象的生與滅時，他們了解沒有理由貪戀與執著任何事物，於是對正在進行的事將沒有任何渴愛，對於自己或行走的活動也是如此。他們不會執著任何事物，因為如今以觀智清楚看見，一切事物皆是無常的，來了又去，生了又滅。

當禪修者不貪愛與執著任何事物時，他們的渴愛與執著會暫時止息或剎那去除。當你對任何事物都沒有渴愛與執著時，則對所觀察的事物，你已剎那去除渴愛與執著，而對未觀察的事物，也暫時不會生起渴愛與執著。這稱為「渴愛與執著的剎那斷」。

當你對觀察的事物能去除渴愛與執著時，對於未觀察的事物也將能如此，這種能去除對未被觀察事物渴愛的能力，稱為「暫時斷」。禪修者對於觀察的事物修習剎那斷，對於未觀察的事物修習暫時斷。透過這兩種斷，他們不會貪愛任何事物，這是於現象生起時觀察它們的結果。

諸比丘！比丘如是安住於身，隨觀身體 。

如此，禪修者對於一切行、住、坐、臥與細行皆保持正念。他們對身體如此保持正念，並「於身隨觀身」。

【原註】
① The Way of Mindfulness（《正念之道》），1975, p. 81。

【譯註】

❶ 名法與色法：名法指心理現象，又稱為「心法」，色法則指物理現象，兩者即指五蘊。五蘊中的色蘊屬於色法，受、想、行、識四蘊則屬於名法。

❷ 心識剎那：即指一心從生至滅的時間，在同一心識剎那裡，只有一心存在。根據阿毘達磨的說法，在一秒鐘或一眨眼間，已有上億個心識剎那，所以一心識剎那是非常短的時間。

❸ 四大：又稱為「四界」，即地界、水界、火界、風界，這些是色法不可分離的主要元素，這四大元素因「持有自性」，所以稱為「界」。「內地界」是指內在於

身體的堅硬、固體、所執持的部分，包括髮、毛、爪、齒、皮等；「外地界」
是指能承載萬物的大地。「內水界」是指內自身的水、似水的（液體）、所執持
的部分，包括痰、血、汗、淚、唾等；「外水界」是指溪河、海洋等。「內火
界」是指內自身的火、似火的（熱）、所執持的部分，包括以它而熱、衰老、燃
燒、消化等；「外火界」是指能燒燃一切外在物質的火。「內風界」是指內自
身的風、似風的（氣體）、所執持的部分，包括上（下）行風、腹內（外）風、
入（出）息風等；「外風界」是指能吹動一切的外在的風。

❹ 業處(kammaṭṭhāna)：是指「作業之處」或「工作之處」，是禪修者成就止觀的
基礎，或修習止觀的對象。《清淨道論》第三品有舉四十業處：（一）十遍
處；（二）十不淨；（三）十隨念；（四）四梵住；（五）四無色；（六）食
厭想；（七）四界差別。

❺ 根據阿毘達磨的說法，色法生起的因有四種：業、心、時節與食，而有業生
色、心生色、時節生色與食生色。

❻ 思維智：隨觀五蘊等一切行法，都有無常、苦、無我的智慧。

❼ 生滅隨觀智：隨觀諸行法生滅的觀智。禪修者隨觀諸行如何依諸緣而生起，然
後因諸緣滅盡而壞滅；或隨觀諸行剎那生滅。

❽ 壞隨觀智：當禪修者的觀智變得敏銳時，他不再作意諸行的生或住，而只隨觀
其壞滅的觀智。

3 正念、正知

觀身的第三小節為「正念正知」。

當禪師在指導或解說禪修時,他們的表達方式或許不同,但所指的意思皆相同。「覺知對象」、「對它保持正念」、「看它」、「注意它」、「觀察它」、「試著清楚看見它」、「試著清楚認識它」,這些指導的意思都相同,它們都是指「把你的心放在禪修對象上,並仔細與準確地觀察它。」

何為「正知」?

比丘行往與歸來時,以正知而行。

佛陀所說的「以正知而行」是什麼?在嘗試了解你要如何正知而行之前,應先知道「正知」的意義。為了明白它的意義,必須回去找註釋書,看看巴利語sampajañña。

sampajañña此字是從sampajāna演變而來,意指「正確地了解」,「正確、完全、平均或平衡地認知」。當某人被稱為sampajāna(正知者)的時候,他或她的存在狀態便被稱為sampajañña。因此sampajañña的意思是「正確、完全、平均或平衡地了解、認知或辨識」。此字字首saṃ有許多含義,註疏書將它解釋為三個意義。

第一個意義是「正確」。因此,當禪修者試著觀看或觀察禪

修對象時，必須清楚與準確地看見它們，不能把它們和別的事混淆。當分別名、色二法時，必須看見心有別於色，色有別於心，不能將兩者相互混淆。你必須準確與清楚地看見，這就是「他應正確地看」的意思。

sam的第二個意義是「完全地」。當禪修者觀看或察覺某個對象時，他們必須就它的整體了知它。所謂「就它的整體」，是指在心法與色法的一切面向上，必須知道禪修對象的特相、作用與現起。

sam的第三個意義是「平均」或「平衡」。禪修者必須知道如何平衡地運用心理機能（indriya，根）。當禪修時，你運用信、精進、念、定與慧等五根，它們必須和諧地運作，且相互平衡，精進與定兩根的平衡尤其重要。當這五根平均與平衡時，就會從專注中生起定與慧；但當它們不平衡時，禪定就會受干擾而散亂，導致無法洞見事物的本質。

「正知」的意思是準確地看，就它的整體觀看一切事物，且平衡地使用五根去看它。只有在平衡運用五根時，才可能進一步修慧。當你運用正知時，意味著你觀察或注意禪修對象，仔細注意它，試著在五根平衡運作下，徹底而準確地看見它。

註釋書中提到四種正知：第一是「利益正知」；第二是「適宜正知」；第三是「禪修者行處正知」；第四是「不痴正知」。禪修者必須心存這四種正知，去了解與觀察身體的每個小動作。

利益正知

「利益正知」是指在做任何事之前，先考慮它是否具有利益。禪修者若知道它具有利益，便會去做；若知道它並無利益，則不會去做。

例如，對佛教徒來說，朝禮聖地或菩提樹是有益的。當佛教徒去這些地方禮拜時，他們是在累積功德，長養善心，那是件好事，且會有利益。與人談話，尤其是解說佛法，也是值得去做的有益之事。此外，例如禪修時隨觀死屍，了解自己的身體也具相同的本質，這些都是有益的活動，對於那些做這些事的人來說，它們是有益的。這是第一正知，對於什麼事具有利益的正知。

適宜正知

當禪修者知道某些行為是有利益時，他不應立刻去做，而要再考慮它是否適宜。有時雖然做某件事具有利益，但它在地點與時間上卻可能不合適。例如，朝禮聖地、佛塔或菩提樹是有益的，但當逢到慶典，從各地湧進人潮時，那裡將會很擁擠，那時禪修者便不應去那些地方。當他們去那裡時，他們會眼花撩亂，導致分心而無法禪修。因此，雖然朝禮聖地或菩提樹具有利益，但當人群雜沓時，它便不適合禪修。

又如為人講解佛法是有益的事，不只對聽者，對講者也是如此。但當彼處在熱鬧狂歡時，則那也是不適合說法的時間與

地點。此外，對比丘而言，不適合在隱密處單獨對隻身女子說法。檢視某事是否適宜，是第二正知——適宜正知。

此外，觀看死屍並思維自身亦具同樣本質也是有益的，但對禪修者而言，不適合心存欲念去看死屍，如此也是不適宜的行為與禪修對象。這也是「適宜正知」。

這兩種正知可運用在任何一種日常活動中。當禪修者將這兩種正知運用到正在做的事情上之時，將不會犯錯，而會日益進步。

行處正知

第三種正知是「禪修者的行處」，意指退隱禪修。當人們待在自己的領域或範圍時，將不會受到任何傷害。沒有人能騷擾他們。但當離開自己的領域時，就可能會受到騷擾。因此，佛陀建議比丘們住在自己的範圍、領域——「四念處」中。修習四念處被說成是禪修者的領域或範圍，「行處正知」在此即指修習四念處。無論是行往、歸來，或朝前後、左右觀看，都必須禪修。藉由不斷禪修，禪修者即被稱為活在領域——在自己的範圍中。「行處正知」就是指禪修。

關於「行處正知」與應如何禪修，註釋書提到四種比丘。第一種比丘，去村裡托缽時保持專注於禪修的業處，但返回寺院時卻未專注於業處。第二種比丘，去村裡時未專注於業處，但從村裡回寺時才專注於業處。第三種比丘最糟，去村裡既未專注於業處，回寺時也是如此，他完全沒有禪修。第四種比

丘，則是入村和回寺時，皆專注於業處。

因此，第一種比丘——去村裡時專注於禪修的業處，但回寺時卻未專注於業處者，可能是個正在禪修的人。他整個白天都在禪修——行禪與坐禪。他晚上也禪修，在初、中、後夜❶的初夜與後夜時分禪修，只有在中夜時分才休息。這是比丘禪修的方式——在整個白天與初、後夜時分。

這位比丘在整個白天與初、後夜時分禪修。他清晨很早就起床，並完成寺裡應盡的義務——整理環境，打掃寺院與取水等。他以正念完成這一切，接著坐禪一段時間後，便去村裡托缽。當去村裡時，他專注於禪修的業處——修習「走、走、走」，或「一步、另一步」，或「左、右；左、右」的正念禪。當到達村裡時，他可能受邀在一家應供。他在那裡進食，或將食物放在缽裡帶回寺院。在從村裡回寺的路上，他可能遇見一些年輕比丘或沙彌，詢問他關於供養者的一些問題，諸如「他是親戚嗎？」這位比丘必須和他們談話，以說明這位供養者。當他回寺時，便未專注於業處，為了和年輕比丘與沙彌談話，他必須放棄它。然而，在抵達寺院後，他再次禪修。他是個入村時專注於業處，回寺時卻未專注於業處的人。

第二種比丘是入村時未專注於業處，回寺時才專注於業處者，他也是在整個白天與夜晚兩個時分禪修的行者。他清晨很早就起床，並完成寺裡應盡的義務，接著坐禪一段時間後，便去村裡托缽。他有很好的消化能力，胃在早晨是空的，因此胃火或胃液侵襲胃壁，當感覺胃裡有熱氣或好像在燃燒時，他無法禪修，無法把心放在禪修對象上，因為胃火燃燒，可能會冒

汗或感到暈眩。因此，當去村裡托缽時，他無法禪修，只好放棄它，且也許快速地入村。

在得到一些食物——某種米粥後，他前往村裡的比丘會堂進食。吃完後，胃液轉而侵襲食物而非胃壁，他因而獲得平靜，可以禪修。在進食時，他以正念進食，就如你在閉關時所做，注意一切動作，包括吃的動作在內。他專注於業處而進食，且回寺時也專注於業處，因為現在他的胃很滿足，能比較容易專注於禪修對象上。

註釋書中曾提到，許多比丘在吃飯時開悟，在進食時，他們繼續保持禪修。因此，在閉關中，用餐時間也是禪修的時機，即使在進食時，也有關於修習正念的指導。這個指導可以在註釋書中找到。

註釋書中提到的第三種比丘，他放逸地生活，既不想禪修，對禪修也無興趣，甚至不知道有禪修這種東西。他只是吃飯、聊天，並和在家人廝混，完全不禪修。這種比丘去村裡未專注於業處，托缽、回寺時也未專注於業處，他整日整夜都不禪修。這種比丘若非背棄禪修義務，即是放棄禪修的興趣。沒有比丘應這麼做。

第四種是最好的比丘。他入村和回寺時都專注於業處，內心已培養出禪修的能力。他很早便起床，並坐禪一段時間，然後專注於業處而入村、托缽，而後回寺，在整日與兩個夜間時分都禪修。這種比丘是註釋書中提到四種比丘裡最好的，他是入村和回寺都專注於業處者，他無時不在禪修。當在閉關時，你應像這位比丘，無時不禪修，從一早起床到夜晚入睡，於一

切時中都精進不懈地禪修。

在過去世中，有些禪修比丘入村和回寺都專注於業處。有時有三十、四十或更多位比丘共住與禪修，他們相遇時，彼此應允要認真禪修。他們如此告誡自己：「我們不是因為躲債，或害怕國王懲罰，或無法謀生，而成為比丘；我們成為比丘，是因為希望解脫痛苦與輪迴。因此，我們一定要精進地禪修。」

他們決定禪修，並下定決心在煩惱生起時，當下便要斷除它們。例如，當煩惱於行走時在心中生起，就嘗試在行走的過程中斷除它，而不將它帶入其他姿勢，他們便是修習這種禪法。當比丘們認出心中一個惡念或煩惱時，便在行走時嘗試斷除它。如果辦不到，便停下來。當停止時，後面其他比丘也跟著停下來。

當比丘們停下來時，他們對自己說：「其他比丘現在知道我有煩惱，我豈能容許它。我應盡力斷除它。」因此，他們嘗試在站立時，斷除煩惱。如果成功地在站立時斷除煩惱，便繼續前進。但如果無法斷除，就會坐下來，嘗試坐著斷除它，其他比丘也會跟著坐下來。此時，他們告誡自己，應能斷除煩惱，並應能達到成就。比丘們應隨時禪修，一直帶著它，無論是入村或回寺，都應持續禪修。

有些故事是關於第四種比丘。例如，有位長老名為摩訶弗沙提婆（Mahā Phussadeva），意思是「大華天」或「林住者」。這位長老修習往返都專注於業處的禪法，換句話說，他於入村與回寺時都在禪修，他持續如此修習了十九年。當他入村、回寺，做了某個動作或走路失去正念時，便會回去那地方再重做

一次。當他走了四、五步都失去正念時，便會重回該地，從第一步再走起。

在田裡工作的村民看見他，都以為他迷路或掉了什麼東西。然而長老並不在意他們，只是做他該做的練習。第二十一年時，他證得阿羅漢果。他無時不在禪修，入村時專注於業處，回寺時也是如此。

當比丘們入村時，他們不說話。但在被問起關於佛法或臨時的問題時，他們必須回答。只有那時他們才說話，其他時候都保持靜默。

有另一位摩訶那伽(Mahā Nāgathera)長老，他住在一座寺院——黑蔓篷。他把注意力集中在佛陀的艱苦求道上，佛陀花了六年修習嚴厲的苦行才覺悟。為了效法佛陀，長老修習入村與回寺都專注於業處的禪法，長達七年。在這七年中，他修習站立不臥。

七年之後，他又繼續修習這禪法十六年，共計二十三年。在第二十三年結束時，他證得阿羅漢果。為了達到這個目標，他做了一件事。當他入村托缽時，為了保持靜默，便含水於口中。當在家人禮敬比丘時，比丘必須說「祝你長壽」或「祝你幸福」諸如此類的話，他連這些話也不想說，因為那樣會干擾禪修，而使他從禪修對象上分心。因此，為了不放逸，他入村時便含水於口中，當有人發問時，他吞下水後才回答。他就這樣維持往返都專注於業處的禪法，在第二十三年結束時，終於證得阿羅漢果。

另一次，有五百位比丘住在迦蘭陀迦園（kalamba-nivāpa，

即竹林精舍），也修習同樣的禪法。入村時，他們把水含在口中，如果無人發問，就在村門口把水吐掉。村民只要看地上的水坑，就知道有多少位比丘來過村裡，然後說：「今天五位比丘來過」或「今天十位法師來過」。這些比丘在短短三個月內就證得阿羅漢果，他們到這寺院度過三個月的雨安居，在這三個期間或結束時，他們都證得阿羅漢果。

這是早期僧眾運用「行處正知」——禪修正知的方法。他們一直活在禪修領域中，即使入村與回寺時，也不離開那個領域。當他們持續處於領域之中時，也修習往返都專注於業處的禪法。

有位摩訶長老（Mahā Thera），他修習往返都專注於業處的禪法。有一天，當他在寺院裡時，其他比丘來找他並發問，他必須回答。在交談的過程中，他失去正念地做了一個移動身體的動作，也許是伸展或彎曲。當他那麼做時，立即提起正念並停止，並把肢體放回前處，然後再次緩慢移動。其他比丘問他在做什麼，他說：「自從我開始禪修以來，未曾忘失正念地移動。現在我因必須和你們說話，而一時失去正念。因此，我把肢體擺回原處，再重作一次，以維持禪修。」其他比丘聞言皆感讚歎。「善哉，長老！每個真心禪修的比丘都應該像你一樣。」這位比丘也獲得覺悟。

以此方式，早期比丘們修習往返都專注於業處的禪法。他們入村時專注於業處，回寺時也是如此。對想要保持禪修完整的比丘來說，往返寺院時都要專注於業處是最困難的時刻。當在寺院、家或禪修中心時，並無那麼多讓你分心的事，因此在

這些地方很容易保持禪修。但當入村托缽、回寺，當你在走路時，必須留意路況或動物等，它是困難的。即使在困難的時刻，比丘也必須維持禪修。說這些故事，是為了彰顯第三種正知——「行處正知」的重要。

不痴正知

最後一種是「不痴正知」，這是指於前往與歸來時，不同的行動皆不會混淆，你必須認出它們，並清楚了知其差異。當你清楚地正知與明辨它們時，便可說是在運用「不痴正知」。現在，當你徹底運用「行處正知」時，「不痴正知」便會生起，無須擔心它，當「行處正知」或禪修成熟時，它自己會生起。因此，禪修時，「行處正知」很重要，它是指你在做任何事情，無論是行往或歸來時，都能運用正知。

佛陀在這節中說：

復次，諸比丘！比丘行往與歸來時，以正知而行。

在此可運用所有四種正知。在外出或返回前，禪修者必須考慮外出或返回是否「有益」；也必須考慮外出或返回是否「適宜」，如果不適宜，就不會去做。當行往或歸來時，你也應運用「行處正知」，那是指在行往時運用正知，注意「行往、行往、行往」，或只是「行、行、行」，當你歸來時，你說：「歸、歸、歸」。因此，禪修者於行往與歸來時，都保持正念。

當你保持注意，或於行往與歸來時保持正念，終將清楚看

見行往與歸來的本質。你找不到任何恆存的實體在行走，也找不到任何靈魂或自我在外出或返回。你將看見沒有任何人在作行往或歸來的動作，只看見單純的現象，意欲與由意欲造成的行走。當看見當下只有這兩件事在發生的時候，便可說是具有「不痴正知」，你的認知或認識是不受迷惑的，是準確、徹底與中肯的。

於前瞻與旁觀時，以正知而行。

這是指當禪修者向前或向旁邊看時，必須注意「看、看、看」，如此對於正在做的事才能具有正知。於前瞻與旁觀時，他們也運用四種正知，只有當有益與適宜向前看時，才向前看；當它無益與不適宜時，就不向前看。

當禪修者無論看哪裡，前瞻與旁觀都保持正念時，便是在運用「行處正知」。當禪修成熟，他們將看見於前瞻與旁觀時，只有兩件事物：心——見的意欲，以及身——見的動作。只有這兩件事物，沒有任何恆存的實體。

無論禪修者向上、向下或向後看，都必須以正知而行，雖然禪修的人似乎不太會如此看，這正是為何經中並未特別提到這些動作的原因。然而，你必須了解，當你真的向上、向下或向後看時，一定要以正知而行。

於屈伸肢體時，以正知而行。

禪修者只有在屈伸肢體是有益與適宜時才如此做，當在錯誤的時機或地點屈伸肢體時，可能會受傷或失去正念。從前，

有位比丘在不適合的地方伸展肢體，結果遭蛇咬傷；另一位比丘在把腳放入火中時被燒到，諸如此類。禪修者在屈伸肢體之前，必須先看這麼做是否有益與適宜。當運用「行處正知」，即注意「屈、屈、屈」或「伸、伸、伸」時，你將看見只有意欲和屈身。只有意欲與屈身，並無個人和自我。

　　於著重複衣與餘衣❷，以及持缽時，以正知而行。

　　這些指導是針對比丘而言，他們的衣與缽必須適宜。對於畏寒的比丘，厚衣比較適宜，諸如此類。此外，鐵製的缽可能較重，因此對於虛弱的比丘而言，不適宜拿重缽。對在家人而言，它是指「於穿各種衣服，以及使用或手持碗、杯、盤時」等。禪修者應穿寬鬆合宜的衣服，虛弱的禪修者不應穿太沈重的衣服，他們的衣服應該合適。當你覺知這些活動，注意「穿、穿、穿」；「變、變、變」或「持、持、持」時，便是在運用「行處正知」。當你的正知逐漸成熟時，將看見只有這兩件事物──心與色，只有所做的事，沒有做事的實體或個人。

　　於吃、喝、嚼、嚐時，以正知而行。

　　「吃」是指食用固體食物，米飯、麵包等；「喝」是指飲用液體食物；「嚼」是指吃糕餅或糖果、點心。「嚐」是指舔食物，例如在吃蜂蜜時。當禪修者做這些事時，一定要運用正知。當進食時，必須吃適合的食物，不應吃對自己不好的食物。當你持續運用正知在所食用的東西上時，「不痴正知」將會生起，你將看見只有這個身體在吃，以及這個心想吃，除此

之外並無其他。

　　於大小便利時，以正知而行。

　　在內觀當中，沒有任何行動應該被忽視，因為禪修者會注意一切行為。你必須對於自己的一切行為保持正念，它們都包含在禪修中。當你去廁所與使用廁所時，也必須對它保持正念。你應在適當的時間去廁所，並在適當的時間清空腸道。

　　於行、住、坐、臥、醒、語、默時，亦以正知而行。

　　因此，當禪修者走路時，他們以正知而行走，專注於禪修業處；站立時也是如此；坐著時保持正念；躺臥時不只是準備睡覺，當入睡時，仍持續修習臥禪。當躺臥時，你注意呼吸，當睡意生起時，你只是注意「睡、睡、睡」，讓睡眠來找你。關於睡醒，很難覺知睡醒的第一瞬間，儘量嘗試，試著看見睡醒的第一瞬間。一旦你睡醒，立即說：「我正在醒來、醒來、醒來。」在睡醒時，也正知而行。當說話時，注意「說、說、說」。當停止說話與靜默時，對沈默正知而行。當保持「行處正知」時，「不痴正知」將自動現前。在這些活動中，只有心與身，只有做這些事的意欲與做事的動作現前，沒有個人或恆存的實體。

　　閉關時所給的指導是本於佛陀的教法，特別是針對這一節與最後兩小節。

　　如是，他安住於身，隨觀內身。……（以下重複）

他亦不執著五取蘊世間任何事物。

諸比丘！比丘如是安住於身，隨觀身體。

當禪修者如是觀察時，不執著任何事物。透過「不痴正知」，你將看見事物的真實本質，並找不到任何東西可以執取。你對於五取蘊世間的任何事物皆不執著。如是，「比丘安住於身，觀察身體」。

這是第三小節的結束，名為「正念正知」。

以正知、正念完成一切動作

在註釋書中，有提及三種姿勢的持續期：長持續期的姿勢、中持續期的姿勢與短持續期的姿勢。前一節探討的是長持續期的姿勢，行、住、坐、臥。這一節中的姿勢，行往、歸來，前瞻、旁顧，屈身、伸身，被指為中持續期的姿勢，它維持的時間不長也不短。行、住、坐、臥、醒、語、默是短持續期的姿勢。對此應如是理解，長時間的行走屬於第一節，而短時間的行走則屬於此節，住與坐的姿勢也是如此。因此，三種持續期的姿勢已涵蓋在這兩節中。

無論何種姿勢，你都應以正知而行，以正知與正念去完成身體的一切動作。有時你說「正知」，有時你說「了知」，有時你說「觀看」，它們的意思都相同。當嘗試將心保持在禪修對象上時，便需要精進、念、定與慧，你必須儘可能地維持這四種特質或狀態。當你如此修行時，便可說是「以正知而行」。因

此，正知、徹底了知、清楚了知或看見，都是指相同的事。

當禪修時，你嘗試專注於禪修對象，別管其他的事，也別在意要洞見事物的本質。當你對當下一切事物保持正念時，智慧會自行現前。當你注意當下存在的一切事物時，智慧自己會生起。

【譯註】

❶ 這是印度對時間的分法，白天與夜晚各有初、中、後三時，合起來稱為「晝夜六時」，現代則分為二十四小時。「晝三時」即初日分（上午六點至九點）、中日分（上午十點至下午一點）、後日分（下午二點至五點）。「夜三時」即初夜（晚上六點至九點）、中夜（晚上十點至清晨一點）、後夜（清晨二點至五點）。

❷ 戒律規定比丘只能持有三衣，重複衣即僧伽梨（大衣），是正裝衣，托缽或奉召入王宮時所穿之衣。除僧伽梨之外，還有鬱多羅僧（上衣），為禮拜、聽講、布薩時所穿用。第三種衣是安陀會（下衣），是日常工作時或就寢之時所穿著的貼身衣。

4 觀身不淨

　　觀身的第四節是「觀身不淨」，它也和身體各部分有關。根據經典，有三十二個身體部分（或譯為「三十二分身」、「三十二身分」）。禪修者被教導去隨觀察這三十二個部分的不淨，這與《清淨道論》所描述的身至念相同。

　　在經典中，佛陀說：

> 復次，諸比丘！比丘思維此身，自足底而上，由頭髮而
> 下，皮所包覆，充滿種種不淨，思維：「於此身中有
> 髮、毛、爪、齒、皮；（五）
> 肉、筋、骨、髓、腎；（五）
> 心、肝、腸、脾、肺；（五）
> 腸膜、胃、胃中物、屎、腦；（五）
> 膽汁、痰、膿、血、汗、脂肪；（六）
> 淚、淋巴液、唾液、鼻涕、關節液、尿。（六）

　　禪修者檢視自己的身體，用心看它，看三十二個身體部分，並隨觀這些部分的不淨。

　　對於西方人來說，觀身不淨令他們難以了解與接受。這個困難提醒我們，要以開放的心來看待這種禪法。以開放的心與堅定的信念去解脫痛苦，你可能會逐漸了解為何這禪法會受佛陀如此推崇，他說：

諸比丘！有一事若被增長，反覆修習，將導致無上願心、無上利益、無上安隱、無上正念與完全覺醒，得正知見，現法樂住，法眼清淨，證解脫果。此事為何？即身至念①。

佛陀並再次說：

諸比丘！禪修者修習身至念，得證涅槃；不修身至念，不得涅槃；開始修身至念，開始得涅槃。②

但這並不表示只有這種禪法能導致覺悟實相，它是導致覺悟的許多種禪法之一。任何人想修這種禪法，一定要先學習關於它的應知事項，當然最好跟著老師學習。

七種學習技巧

修習這種禪法，禪修者首先必須知道「七種學習技巧」。開始的第一件事是念誦，是指把身體的三十二個部分背起來，並持續長時間，即在一整天清醒時，念誦身體各部分的名稱。據經典中說，即使精通三藏的禪修者，也必須先誦身體三十二個部分的名稱。你應連續一百六十五天精進地念誦，依照以下介紹的方式去做。

反覆念誦與默念三十二身分

為了方便，身體的三十二個部分被區分成六組。第一組稱為「皮五支」，即以「皮膚」作結尾的身體五個部分。下一組是「腎五支」，即以腎作結尾的身體五個部分。依此類推，有「肺五支」、「腦五支」、「脂六支」與「尿六支」，最後兩組各有六個部分。因此，共有四組五個部分，兩組六個部分。

禪修者得花十五天去完成第一組的念誦，他們必須順誦這五支五天，逆誦五天，再順誦與逆誦五天。禪修者應如此念誦：

「髮、毛、爪、齒、皮；髮、毛、爪、齒、皮；……」（順誦五天）

「皮、齒、爪、毛、髮；皮、齒、爪、毛、髮；……」（逆誦五天）

「髮、毛、爪、齒、皮；皮、齒、爪、毛、髮；髮、毛、……」（順誦與逆誦五天）

下一組「腎五支」的念誦得花三十天，因為必須如「皮五支」一樣誦十五天，再與「皮五支」一起念誦十五天。這些身體部分應如此念誦：

「肉、筋、骨、髓、腎；肉、筋、骨、髓、腎；……」（順誦五天）

「腎、髓、骨、筋、肉；腎、髓、骨、筋、肉；……」（逆誦五天）

「肉、筋、骨、髓、腎；腎、髓、骨、筋、肉；肉、

筋、……」（順誦與逆誦五天）

「髮、毛、爪、齒、皮；肉、筋、骨、髓、腎；髮、
毛、……」（順誦五天）

「腎、髓、骨、筋、肉；皮、齒、爪、毛、髮；腎、
髓、……」（逆誦五天）

「髮、毛、爪、齒、皮；肉、筋、骨、髓、腎；腎、髓、
骨、筋、肉；皮、齒、爪、毛、髮；髮、毛、……」（順誦與逆
誦五天）

剩下各組的念誦也應各花三十天，每一組十五天，另十五
天再依序往上遞加前面二、三、四、五組。

因此，禪修者共計得花一百六十五天，將近半年，才能完
成念誦。

完成念誦之後，接著得以同樣的方式在心裡默念同樣的天
數。這是第二種學習技巧。

依顏色、形狀、方位、處所與界限，確定三十二身分

在念誦與默念之後，禪修者必須學習身體各部的顏色、形
狀、方位、處所與界限。「方位」在此是指各部分是位於身體
的上半部或下半部。「處所」是指它所處的位置。「界限」有
「自分界限」與「他分界限」，前者是指當知每一部分的上、下
與橫的界限，後者是指髮不是毛，毛不是髮，當知如是分別。
你如此學習七種技巧——對於身體各部分的念誦、默念、顏
色、形狀、方位、處所與界限。

為了顯示如何修習進一步的隨觀，讓我們舉頭髮為例。

頭髮的「顏色」可能是黑的，在東方頭髮一般是黑色，但在西方，它可能是棕色、金色或褐色。

頭髮的「形狀」可能像長秤桿或小枝條。

它的「方位」在身體的上半部。

它的「處所」是包覆頭顱的溼皮層，兩側以耳朵為邊，前抵額際，後抵頸背。

關於「自分界限」，髮如穀芒，插入包覆頭顱之皮中而住，下以髮根自己的面積，上以虛空，橫以諸髮相互之間為界，決無兩根頭髮同在一處。

關於「他分界限」，髮非毛，毛非髮，它不與其餘三十一部分混同，並且頭髮是身體單獨的一個部分。

以此方式，禪修者逐一觀察身體的三十二個部分。

十種作意技巧

經此學習之後，他們必須研究「十種作意技巧」。

依序不疾不徐地背誦或隨觀

這非常繁複，首先必須學習「依次第」重複與隨觀，必須依照順序，不能跳過一個部分。第二，他們應「不過急地背誦或隨觀」，如果不這麼作，可能會搞混。第三，他們應「不過緩地背誦或隨觀」，如果念得太慢，可能會忘記某些部分。第四種

要學習的技巧是「除去散亂」，禪修者不應被引誘而中斷禪修，讓心受到外境干擾。禪修者應將心保持在身體的各部分，別讓它因其他對象而轉移。

超越概念

第五種技巧是「超越概念」，當禪修者說：「髮、毛、……」時，他們在重複名字的概念——身體各部分的名稱。你必須超越這些概念，不可在念誦時專注於各部分的概念，而是把心安住於各部分不淨的面向上。這是必要的，因為禪修的目標是讓心安住於身體各部分的不淨上，好讓禪修者不執著它。

以五種方法厭惡作意

觀察不淨有五種方法或面向：以顏色、形狀、氣味、所依與處所。

例如，髮的「顏色」或外觀是不淨的。你透過概念去看它，那是一回事，但被那個概念所轉，則是另一回事。當你在食物中看見一根頭髮或類似頭髮的東西時，你厭惡地說：「把這食物拿走。」當你吃到某樣感覺像頭髮的東西時，你會感到厭惡。「形狀」也是令人厭惡的。頭髮的自然「氣味」並不討人歡喜。當它未清洗，未噴上香水或以香花裝飾時，它會散發臭味。頭髮的氣味也同樣是不淨的。

「所依」是指來源或源頭。身體的這個部分來自何處？你身

上的頭髮與身體本身都是其他所有部分的組合：血、膿、痰、尿等，頭髮即是從這些穢物中長出來的。因此，從所依來看，頭髮也是不淨的。「處所」是指哪裡可找到這個部分。關於頭髮，那是它生長的地方，它是在各種令人不悅事物聚集的身體上成長。以此方式，藉顏色、形狀、氣味、所依與處所，逐一檢視身體各部分的不淨。

次第撤去與安止作意

第六種技巧是「次第撤去」。當禪修者念誦身體各部分時，有些會清楚呈現在心中，但有些則否。當這種情況發生時，禪修者應該撤去未清楚顯現的部分，只念誦那些清楚的部分，直到其中之一變得非常清楚為止。你逐一撤去各部分，只留下最清楚顯現的一個身體部分。你應持續以此為禪修的對象，並反覆觀察這部分，直到入定為止。

第七種技巧是「安止作意」，亦即禪修者必須了解安止定(appanā)❶可在身體的每個部分生起❷。

增上心、清涼、覺支技巧

其他三種技巧被收錄於三部經典中，閱讀這些經典而便可了解。

《增支部》第一卷，第256-258頁(*Anguttara*, i.256-58)提到，在隨觀或禪修時，於三法上作意。為了達到增上心，禪修者應

該於定相、策勵相與捨相等三相作意。只作意於定相，有可能變得昏沈；只作意於策勵相，會出現掉舉；只作意於捨相，則心將不為漏盡而正等持。因此應平等作意定、策勵與捨這三相，不可偏廢。

《增支部》第三卷，第435頁（*Anguttara, iii.435*），教導比丘若想證得無上清涼，應該具足六法。這六法是：心當抑制時，即抑制其心；心當策勵時，即策勵其心；心當喜悅時，即喜悅其心；以平等心看待一切事物；傾心於無上道與果；樂於涅槃。

第三經，《相應部》第五卷，第113頁（*Samyutta, v.113*），解釋何時應修習哪一覺支。有七覺支，這些覺支各有修習的時機❸。這七覺支將在「觀法」一節中討論。

禪修者應讀誦這三部經典，並遵循其中的指導。如是，禪修者學習這「十種作意技巧」。

增上修行

禪修者學習了這十種技巧後，他們前往一個合適的地點，先念誦身體的各個部分，然後默念，諸如此類。你反覆觀察身體的三十二個部分，直到其中一個部分對你變得最清晰，之後便安住在其上。你持續隨觀這部分，直到達到禪那或安止定為止。

這個禪法是佛陀所教，目的是為了讓禪修者逐漸放開對自己與他人身體的執著。它可被當作修止禪而達到初禪的方法，也可以之修習觀禪。對於後者，禪修者達到初禪之後，便轉入修觀，以隨觀禪那本身，或隨觀禪那的對象。在此禪法中，即

以身體三十二個部分的其中之一，作為隨觀的對象。你嘗試觀察禪那或禪那對象的生起與滅去，直到達到更高階段的觀為止。或者，你不增長禪那，而直接以這些身體的部分為「界」，而增長觀❹。這兩種方法都可以讓你證悟涅槃。那個「止」（samatha）本身並非目標，往下研究此經，你會愈來愈清楚。

> 如是，他安住於身，隨觀內身；或安住於身，隨觀外
> 身；或安住於身，隨觀內、外身。
> 他安住於身，隨觀生法；或安住於身，隨觀滅法；或安
> 住於身，隨觀生、滅法。
> 或他建立起「唯有身」的正念，如此建立正念，只為了
> 更高的智慧與正念。
> 他於渴愛與邪見，無所依而住。
> 他亦不執著五取蘊世間任何事物。
> 諸比丘！比丘如是安住於身，隨觀身體。

看見諸法的生與滅，只有透過「觀」而無法透過「止」來達成。當發現提到觀生滅法，你便知道那是指「觀」。因此，止禪次於觀禪。

當禪修者嘗試「觀身不淨」，並看見它們真的令人厭惡時，不可能還會對它有任何渴愛或邪見，換言之，他們對這些身體部分不會再有任何執著。因此，禪修者不執著五取蘊世間任何事物。

修習身至念的利益

　　修習這種禪法可以得到很多利益。人們在隱居時通常都不快樂，但那些修習這種禪法者能以禪定「戰勝隱居的無聊」，而在這種地方會感到喜悅。他們還能「戰勝欲樂」，人們時常縱情於欲樂，但當他們修習這種禪法時，便能克服那些欲望。他們不是看到身體各部分的可愛，而是平淡地看待它們。

　　另一個利益是「戰勝害怕與恐懼」。修習這種禪法的禪修者，對於個人與身體各部分的可愛並無先入為主的概念。當危險生起時，既不害怕也無恐懼，也將能承受冷、熱與飢餓等，對於氣候、食物與各種情況都較能忍耐。

　　禪修者針對頭髮的顏色、形狀等禪修，可以達到四種禪；但單修不淨觀時，只能達到初禪，它無法幫助他們達到第二、第三與第四禪，因為需要「尋」（vitakka）禪支❺來支持心安住於粗的禪修對象──身體的不淨相，只有初禪才有「尋」禪支。當你隨觀髮、毛等的色相時，它會變成你的色遍處（kasiṇa，有藍、黃、白與紅）❻。當它轉成色遍時，你可以在這些對象上修禪那，而那禪那可以是初禪、第二禪、第三禪與第四禪。如是，基於髮、毛等色相上的遍處，❼你可以達到初禪至第四禪。

　　在達到第四禪後，禪修者可以繼續進一步修習，由此將能獲得天眼，與其他種種非凡的能力，此即所謂「達六神通（abhiññas)❽」。這些都是修習這種禪法可能獲得的利益。

　　當禪修者修習身至念時，他們無須考慮這些身體部分在臨床醫學上的正確性，以及有些部分是否能被稱為身體部分。例

如，胃中物、屎與尿都不是構成身體的部分，在此提出它們只是為了禪修的緣故。當然，身體不只這三十二個部分，但這些已足夠。如你先前所見，禪修者單在第一部分禪修就已能達到禪那階段，然後轉向修觀並證悟實相。

某些身體部分有不同的翻譯，但你無須將它們也考慮在內。你無法看到這些部分中的每一個，雖然也許能到醫院或其他解剖屍體的地方去看。也有書籍顯示身體各部分的圖片，因此你可看圖片，並選擇一個部分作為禪修對象。如果有機會親眼看到這些身體部分中的一個或更多個，則你可以根據實際看到的事物禪修。

你應注意在經中與許多典籍中，「腦」並未被列在身體部分中。但註釋者說，在《無礙解道》(*Paṭisambhidāmagga*)②中有提到它，因此在未提到的地方，就必須了解它被包含在「髓」之下。如是，這個禪法有「身體三十二分構成的禪修主題」。

【原註】

① Anguttara, i.43.
② Anguttara, i.45.

【譯註】

❶ 安止定：即心完全專一的狀態，又稱為「禪那」，包括四色界禪與四無色界禪。安止定是相對於近行定而言，安止定的禪支強固，定心可以持續不斷，而近行定是指接近安止的定，其禪支尚未強固，定心無法長時持續。

❷ 禪修者於身體的三十二個部分，依顏色、形狀、方位、處所與界限而得現起「取相」，依顏色、形狀、氣味、所依與處所而厭惡作意，現起「似相」，而次第生起安止定。若明白身體的一部分，即得一安止定，明白三十二個部分，則得

三十二個安止定。

❸ 例如心昏沉時，不宜修習輕安覺支，而應修習擇法覺支。

❹ 本節所說的「七種學習技巧」與「十種作意技巧」，即是在三十二身分上，以厭惡作意，使心集中，而修習止禪的方法。但若是在三十二身分上，以地、水、火、風四界隨觀，確定名色，去除身體為「我」的執著，便是在修習觀禪。

❺ 禪支：諸禪由稱為「禪支」的心所而分別，通過逐一捨棄較粗的禪支，增強定力以提昇較微細的禪支，即能進入較高的禪那。初禪有尋、伺、喜、樂、一境性等五禪支；第二禪有喜、樂、一境性；第三禪有樂、一境性；第四禪有捨、一境性。「尋」是將心投入或令它朝向所緣的心所。

❻ 遍處：「遍」是指「全部」或「整體」。在《清淨道論》中，有列舉十遍處作為十種修定的業處，會稱之為「遍」，是因修習這十種業處時，必須將其似相擴大至十方無邊之處。色遍處是將心專注於藍、黃、紅、白等色盤，以修習禪那的方法。

❼ 如先辨識外在骨骼的可厭，來修習不淨觀，待穩定後，就不再專注骨骼為可厭，而改專注它為：「白，白」，於是轉成修習白遍。同樣地，以頭髮修習褐遍（或青遍、黑遍）；以脂肪或尿修習黃遍；以血液修習紅遍。修習色遍可達到色界定與無色界定。

❽ 當禪修者從作為神通基礎的第四禪出定後，若他想要顯現一百身，即如此進行預作：「讓我變成一百身」，之後他再入第四禪，出定、作意，就會在決意的同時變成一百身。「六神通」即指神變通、天耳通、他心通、宿命通、天眼通、漏盡通。

❾ 《無礙解道》(Paṭisambhidāmagga)：本書含攝於「經藏」中的《小部》，但內容與形式則屬於論書性質，與《清淨道論》關係密切。內容主要論述修道解脫之事，幾乎網羅了此方面的佛教論題，教理內容已具有部派佛教的色彩，有許多上座部獨特的名相，是巴利論書的先驅。

5 四界分別觀

> 復次,諸比丘!比丘不論置身何處或於何種姿勢中,以
> 各種界思維此身:「於此身中,有地界、水界、火界與
> 風界。」
>
> 如熟練的屠夫或其學徒,屠宰牛隻,並將其割截成塊
> 後,坐在四衢道口。諸比丘!比丘如是於任何姿勢中,
> 以各種界思維此身:「於此身中,有地界、水界、火界
> 與風界。」

經中這一節,談論這些物質的元素(界),以及禪修者應如
何思維自己的身體,無論它們位於何處,坐著或行走,站立或
躺臥。他們將根據這四界來思維身體。

傳統上,有四界:地界、水界、火界、風界。在這部經中
只簡單提起四界分別觀,它主要是為了利根者——能快速領悟
者而說。於別處,在《大象跡喻經》(*Mahāṭṭhipadopama*)❶、
《羅睺羅教誡經》(*Rāhulovāda*)❷與《界分別經》(*Dhātuvibhaṇga*)❸
中,有對這個禪法更詳細的解釋,這些經典是為不是非常利根
者而說。每次佛陀說法時,都會觀察聽者的好惡,以及他們的
心是否成熟,只有在觀察過後,才會根據當時的情況開示。因
此,在一些經典中,他會說得更仔細一點。在《大念處經》
中,只簡短地陳述了這個主題。這種禪法的目的是為了去除將
自己或別人視為「人」的概念。為了去除這種概念,你需要修

習四界分別觀，將身體區分成四部分，並個別看待它們，這四界的每一界都被稱為「大種」(mahābhūta)❻。

地界──堅、硬或軟

「地界」和你所知道的地意思不同，它是指地中固有的某種東西（當然它也在其他事物之內），地的存在狀態，或「堅、硬或軟的特質」，是地界的特相。根據經典的說法，這四界無處不在，在有情中，也在植物與無生物中。堅、硬或軟的特相，即此處所稱的「地界」。當你摸水時，感覺軟軟的，那個軟即是地界。當風吹在臉上時，你感覺有些硬或軟，那就是地界。你可以在所有地方找到這個它，它的作用是作為基礎，安立某物或令某物存在其上。對於禪觀於地界的觀行者而言，它現起的方式是接收或接受。因此，你必須根據它的特相、作用或現起，來了解地界。總而言之，它的特性是硬或軟，它的作用是表現為「基礎」，而它的現起則是「接收或接受某物」。

水界──流動、黏著或溼潤

其次，你有「水界」。這裡的水界不是指你所知道的水，它的特相為「流動」、「黏著」或「溼潤」，這三者是水界的存在狀態，它存在於一切事物中，無論土地、木頭或磚塊都有黏著與溼潤等。這個黏著，會將事物聚合在一起，是水界的特相之一。它的作用是增強，它增強和它接觸的一切事物。它對禪修

者的現起為「把事物聚合在一起」，例如當你加水到麵粉裡，會得到麵糰，水將麵粉的粒子聚合在一起，這聚合即是水界的現起。當禪修時，有時這現起會發生在你身上。有時藉由它的特相，有時藉由它的作用，有時則藉由它的現起，你將看見或覺知它。

火界——熱

其次，你有「火界」。這不是你所知道的火，而是火的存在狀態，火的特相——熱。有熱當然就有冷，熱、冷或「溫度」是火界的特相，熱或火使事物「成熟與變老」。當你感覺熱或冷時，便是在感覺火界。當身體成熟或當它變老時，這是火界的工作。它的作用是將事物「催熟」、「冷卻」或「加熱」。它的現起是「持續供給柔軟」，例如烹調時，東西會愈煮愈軟。同樣地，你身體中的熱軟化它，使身體變老。這些是火界的特相、作用與現起。

火界有四種。第一種火界使人或物「溫暖」，你感到身體溫暖，或當你生病時會量體溫。第二種火界使事物「老化」。第三種火界使人或物「燒起來」——過熱。第四種火界是「消化之熱」，藉由它，你消化掉吃、喝、嚼或嚐的所有東西。當你有好的消化之熱，或我們緬甸人所說的胃火時，就可消化所吃的一切食物，當沒有好的消化之熱時，胃將會出問題。這便是四種火界。

風界──延展、擴大與膨脹

最後是「風界」。風界的特性是「延展、擴大與膨脹」。當你吹氣到汽球裡時，它會膨脹。事實上，你能坐著、站立而不會跌倒，也是風界的工作，它「從周邊支持你」。它的作用是「造成移動」。當你移動時，你的動作是由風界引起。它的現起是「運送」。

風界有六種：

（一）上行風，造成嘔吐或打嗝等；

（二）下行風，將屎、尿排出體外；

（三）腸外風，在肚子裡；

（四）腸內風；

（五）肢體循環風；

（六）呼吸，即入出息。

風界造成體內運動。當你行走、屈伸身體時，由你的意欲或意識引發風界做動作。

觀察身體的四界，「自我」便不存在了

禪修者在他們的修行期間隨觀這四界。讓我們來看看，當你在行走時如何觀察這四界。當你行走時，舉起腳，向上的運動顯現足中的輕，那個輕是由火界所造成。當你抬起腳時，有動作，那個動作是由風界所造成。當把腳推向前時，這個動作也是由風界造成。當你把腳放下時，它變得較重，表示那是水

界出現。當你以腳接觸地面或地板時，感到地板與腳硬或軟，那個硬或軟是地界的特相。每踏出一步，你都能分辨出這四界。在舉起腳時，火與風界較明顯；推步向前，你認出風界；放下腳時，是水界；腳接觸地面或地板時，是地界。禪修者在每一步中如此觀察四界現前，雖然開始時，他們可能注意不到這四界的現前。

當禪修者清楚看見這四界時，便失去對「人」的概念，只看見這四界，只有四界在行、住、坐、臥，你看不到「人」，並失去恆存實體的概念。

經中以一個比喻來解釋四界分別觀，註釋書對它解釋如下。一個屠夫餵養牛隻，然後將牠帶到屠場，把牠綁在柱子上並宰殺牠，此時他還有牠是一個個體——一頭牛的概念。如果有人問他在做什麼，他會說：「我在餵牛」或「我在殺牛」。即使在殺死牠，將牠割截之前，他還保有牠是一頭牛的概念。

但在將牠割截之後，把肉塊放在路口的桌子上，從那時起，一頭牛的概念便失去了。如果有人問他在賣什麼時，他不會說：「我在賣一頭牛。」因此，在割截後，他便失去了一頭牛的概念。同樣地，當禪修者將自己分解成四界——無論他們擁有什麼，無論他們的身體是什麼，都只是四界而已——此時他們將失去「人」或自我的概念。這個禪法是佛陀為了去除「有身見」而教導。上面所舉的比喻，不應讓禪修者誤以為應將四界概念化，佛教裡教導的四界，事實上不是概念，而是由心、心所、色與涅槃等組成之「究竟實相」的一部分❺。它們被視為真實法，而非「世俗諦」❻裡的事物。

修習四界分別觀的利益

禪修者從修習這種禪法中,可以獲得許多利益。在《清淨道論》中,覺音論師說:

> 勤於四界差別的比丘,洞察空性,滅有情想。因他滅了有情之想,不會去分別猛獸、夜叉、羅剎等,克服恐怖,克制不樂與樂,不於善惡取捨,成大慧者,得至究竟不死(的涅槃)或來世而至善趣①。

當人修習觀禪時,這不會像修業處一樣導致四種禪那,它只會到達近分定。當人根據內觀教法禪修時,他們嘗試在每一剎那,或每件事上都看見四界。他們將看見這四界與心出現又消失,當認出諸法的生與滅時,就可說是達到基本的觀智。從此他們將逐步增上,直到他們達到最後的觀與覺悟為止。在四界分別觀上,有界與心的生滅,當禪修者能隨觀法的生與滅時,就確定能獲得更高的觀智,直到他們達到覺悟為止。

> 如是,他安住於身,隨觀內身;或安住於身,隨觀外身;或安住於身,隨觀內、外身。

當你在其他人身上隨觀四界時,你便被說成是在「隨觀外身」。當你來回隨觀自己與別人的四界時,你便被說成是在「隨觀內外身」。當你看見只有這四界,沒有「人」或恆存的實體時,你找不到任何可以執取的事物。因此,

他亦不執著五取蘊世間任何事物。

　　如果沒有執著，就不會造任何業；不造業，就沒有接下來的「有」與「生」。你將究竟解脫輪迴。

【原註】

① The Path of Purification (Visuddhimagga), 1976, pp. 406.（譯按：中譯文參見葉均翻譯，《清淨道論》，正覺學會印行，2000年，頁373。）

【譯註】

❶ 《大象跡喻經》(Mahātthipadopama)：Majjhimanikāya I, p. 184ff. 中譯本為中《阿含經》第30經‧象跡喻經（《大正藏》卷一，頁464b）。

❷ 《羅睺羅教誡經》(Rāhulovāda)：Majjhimanikāya I, p. 421ff. 中譯本為《增一阿含經》卷七（《大正藏》卷二，頁581c）。-

❸ 《界分別經》(Dhātuvibhanga)：Majjhimanikāya III, p. 237ff. 中譯本為《中阿含經》第162經‧分別六界經（《大正藏》卷一，頁690a）。

❹ 稱四界為「大種」(mahābhūta)，有幾個理由：因大的現前、如大幻者、當大供養、有大變異、大故生存。詳見《清淨道論》第十一〈說定品〉。

❺ 在經教裡，佛陀一般將人分析為色、受、想、行、識蘊等五種究竟法；在論教裡，諸究竟法則歸納為心、心所、色與涅槃等四種。

❻ 世俗諦是指世俗的概念和表達方式，它包括組成世間的種種現象，它們只是由心構想的產物，並非基於其自性而存在的究竟法。相對於世俗諦的是勝義諦，是指事物基於其各自的自性而存在之法，由親身體驗、如實分析而知見的究竟法（真實法）。如「男人」、「女人」看似實有（世俗諦），其實只是由無常的名、色過程所組成的現象，無一可以執取（勝義諦）。

6 墓園九觀

　　佛陀以十四種方式敘述身隨觀，這意味身隨觀總共有十四個主題。我們已完成五個小節。九種墓園觀是為培養對身體的不淨想所設計，目的是為了離欲。你貪著自己與別人的身體，只要有貪著，就會有痛苦。為了消除痛苦，你不應貪著自己與別人的身體，墓園觀將幫助你去除這些貪著。

　　九種墓園觀是建立在屍體變壞的不同階段上。

　　第一種隨觀是關於「腐爛身」。佛陀說：

復次，諸比丘！比丘看見被丟棄於塚間的死屍，已死亡一日、二日乃至三日，膨脹、青瘀與腐爛。然後他以之反觀自身，思維：「確實地，我的身體具有相同的本質，也將會變成如此，且無法避免這樣的結果。」

　　這是墓園隨觀的第一個主題，它是說「當比丘看見一具死屍時」。修習念處觀禪修者無須總是去墓園，仍可以在修觀禪時看見死屍。這可能是刻意思維屍體，或屍體概念無明顯原因自然生起的結果。無論這些相是無明顯原因自然生起，或刻意思維的結果，你都必須觀察這些相，並思維它們為不淨，注意：「不淨、不淨、不淨」，或只是「看見、看見、看見」，直到它們消失為止。修觀時，禪修者應時時覺知意念、心或五根門生起的事物。當見相時，只是覺知它，對它保持正念，在心裡注意：「看見、看見、看見」，一直到它消失。經中教導的墓園觀

法，目的是為了對身體可鄙、令人厭惡與不淨，有所覺醒。

以腐爛身修習止禪

在此經中，禪修的重點是觀，試著去看見現象的生滅，但你也可以此禪法來修習止禪，它將幫助你達到禪那。想修習這種禪法者必須先找個老師，並接受指導，老師必須教導他們如何獲得不淨想，以及之後如何描繪周邊事物的特性，即如何注意屍體周遭所發現的事物。

然後，老師必須解釋如何以六種方式了知不淨，當這仍不夠時，再另外以五種方式。此外，老師必須指導禪修者如何探查與注意往返停屍處的道路。只有在從老師那裡學過這些技巧之後，禪修者才能修習這種禪法，並實地前往停屍處。

為取不淨相而前行的處所

在從老師處學過這些必須技巧後，禪修者在聽到哪裡能找到屍體時，「不應立即前往」，因屍體附近可能有野獸或非人。

通常，男人不應看女屍，女人則不應看男屍，因為他或她心中可能會想入非非。然而，即使觀察同性屍體，也可能造成欲念生起，因此禪修者不應觀察會造成這種想法的屍體。

在前往停屍處的路上，可能會經過村莊、海濱或田野，禪修者在這些地方可能瞧見會使他們生起欲念的人，不可不慎。

當比丘前往這些地方時，應將前往墓園的想法「告訴寺中

年長或熟悉的比丘」。這有其必要，因為如果他們在墓園遇到麻煩，其他比丘或同修將可照顧他們或他們的物品，或到墓園幫助他們。墓園通常是人煙罕至的地方，是強盜與竊賊喜歡的棲身處。失主可能會尾隨他們來到這些地方，若盜賊將贓物拋棄在禪修者身旁，可能導致誤會，使得禪修者遭到偷竊的指控。如果他們已通知別人將前往墓園，則長老比丘與其他比丘或同修就能幫助他們。因此，比丘應通知寺中年長或熟悉的比丘將前往墓園修習這種禪法，如果是在家眾，則應告訴禪修老師。

禪修者應單獨前往墓園，不帶同伴。他們應秉持無間的正念前往，也就是應秉持安住內心的正念前往；應內攝六根前往，應善護己心，意不外向。他們應如此前往停屍處。

在路上，他們「檢視道路的特徵」。這個檢視的理由底下會詳細解釋。它的意思是，當他們走在路上時，應注意，例如：「我將從這個門，往此方向走。這條路是向東、向西、向南、向北或向中。」且當前往墓園時，應注意道路的左邊與右邊是什麼，應注意是否有蟻丘、樹或藤蔓。應注意路上的一切事物。

在這麼做之後，禪修者將「趨近停屍處」。當走向屍體時，應從上風處趨近它，因為屍臭可能使人暈眩，或令人想回頭。所坐的位置不應離屍體太遠或太近，而是坐在它的一側，可方便觀察它的地方。如果太靠近屍體，可能會受到驚嚇；如果距屍體太遠，則無法看清它的不淨。

他們還應注意停屍處的周遭環境，是否有任何岩石、蟻丘、樹、灌木、藤蔓或與屍體有關的特別的相。例如，屍體旁可能有岩石，這岩石是高或低，是大或小，是棕色、黑色或白

色，是長或圓，應注意這一切細節。關於這具屍體，他們應注意「在這個地方有一塊岩石，這邊是不淨相。」不淨相是意指屍體。要如此思維：「這是不淨相，這是岩石。」這對於澄清他們心中的疑惑或錯覺，有其必要。

有時當禪修者觀察屍體時，屍體可能好像在移動，似乎要起身攻擊或嚇唬他們。因此當屍體像是在移動時，可以藉由思維先前注意的事物來澄清疑惑，「屍體旁有塊岩石，這塊岩石並未走向我，它無法走向我。這具屍體並無生命，因此無法移動；這應只是錯覺或妄想而已。」在選擇禪修對象後，現在可以禪修了。當嘗試禪修而事物顯現或幻相生起時，他們可以克制疑惑。因此，禪修者必須注意屍體周遭一切可見的事物。

以十一種方式取相，並了知不淨

於屍體附近站立或坐定之後，禪修者應觀察屍體，嘗試以六種方式了知它的不淨。首先，他們藉由辨別它的「顏色」來了知不淨。「這是一具黃色或黑色皮膚的屍體」，無論它是什麼顏色。禪修者也藉由它的「相狀」來辨識屍體，所謂相狀不是指男人或女人，而是它的年紀，這是指它是青年、中年或老年。通常將一生區分成三段，每段各約三十年。這些隨觀是為了了知屍體的不淨。

當禪修者觀察屍體的「形狀」時，注意「這是頭部的形狀，這是頸部的形狀，這是手部、胸部、臀部、大腿、小腿、腳與全身的形狀。」禪修者應觀察全身，以了知它的不淨。

禪修者也觀察「四方」。「方」在此是指屍體的上半部與下半部，上半部是指肚臍以上，下半部是指肚臍以下。因此，他們知道，「這是屍體的上半部，而這是下半部。」禪修者還應觀察「我站在這一方，而不淨相（即屍體）在那一方。我在這裡——南方，而屍體在那裡——北方，如是等等。」

　　禪修者還應注意「處所」。「處所」在此是指「手在這裡，腳在那裡，身體的中段在這裡，如是等等。」或者，「我在這裡，不淨相在那裡。」

　　禪修者還應注意「界限」。「這個屍體下以腳底，上以髮尖，周圍以皮膚為界。如此界定這個空間——它是由身體的三十二個部分所組成。」禪修者應以此方式認識屍體的界限。「這些是它的手界，這是足界，這是頭界，這是它身體中段的界限，或屍體這部分在膨脹，如是等等。」這必須是不會造成欲念生起的屍體，因為即使它是死屍，禪修者心中可能還是會生起欲念。雖然是對著屍體禪修，但只有當禪修者確定不會生起欲念時，才能在那具屍體附近坐禪。

　　禪修者應該以這六種方式，逐漸對屍體產生不淨的感覺。

　　當禪修者可以閉上眼睛看見屍體時，他們便可說是已經得到「取相」❶。他們進一步開發它，使它成為「似相」。

　　如果他們無法藉由上述六種方式觀察屍身獲得取相，則必須繼續以另外五種方式了知不淨。第一個了知不淨的方式是以它的「關節」。「關節」在此是指十四個主要關節，包括右手三個、左手三個、右足三個、左足三個、頭頸一個與腰一個。對於這些關節的觀察有助於了知身體的不淨。

然後，禪修者應觀察「孔隙」。「孔隙」在此是指手脅之間、雙足之間、胃中與耳孔，或眼睛與嘴巴開闔的狀態。

此外，他們應以「凹部」審視屍體，例如眼窩、口腔或喉底等。禪修者還必須觀察「我站在低處，而屍體躺在高處」。

其次，他們考慮「凸部」，即任何身體的突出部位，如膝、胸或額等；或者觀察「我站在高處，而屍體躺在低處」①。

最後，禪修者必須「觀察周圍一切」，亦即整個屍身與它的周圍。在考慮過這一切之後，他們將心置於「膨脹、膨脹、膨脹」，就好像它是一具膨脹的身體。

以這六種方式觀察屍體，然後再加這五種不同的方式後，禪修者無疑將可取得不淨相。他們一再隨觀與思維不淨，十次乃至萬次，數數取相而至善取。「彼善取相」，意指他們闔眼即可看見膨脹的屍體。

觀察往來路上的一切事物

如果比丘能善取相，但仍無法完成禪修，則應回寺，因為他不可能一直都待在墓園。回來時，他們注意回寺途中的一切事物。他們注意方向，是向東、向西、向南或向北走；也注意看見什麼，石頭、灌木與樹。於往返停屍處的路上注意一切事物，是為了將行者的心保持在禪修的軌道上。回到寺院，他們可能會被詢問，遭到詢問時，不可以拒絕，必須回答。如果他們被問到關於法的事，則一定得回答。回寺以後，可能還得對其他比丘盡一些義務。當他們回答問題或對長老比丘盡義務

時，可能失去不淨相，且無法喚回它，因為他們已分心。當在家人從墓園返回時，他們也必須回答問題，以及履行應盡的義務。當禪修者失去不淨相又無法回去墓園時，便可以坐下，並在內心作意前往停屍的墓園，然後再回來。在往返停屍處路上，注意周遭事物的方法，將會有幫助。比丘們將回顧石頭、岩石，這裡一項與那裡另一項，直到回顧路上一切項目為止。

獲得禪那

他們在心中回憶行走的一切細節與不淨相，當再次得到所謂「取相」的不淨相時，呈現出真正令人畏懼與厭惡的樣子。他們一再安住其上，注意「厭惡、厭惡、厭惡」或「膨脹、膨脹、膨脹」，直到心像被清楚界定為止。此時呈現出來的樣子不是非常可憎，而像一個非常肥胖的人已吃到撐飽了一般。

這個相即所謂的「似相」。此後，五蓋❷將被鎮伏，禪修者將達到禪那或安止定。比丘或在家眾應如此修習這個禪法。

看見不淨想的生滅，修習觀禪

關於身體的業處，《清淨道論》裡說到有「十種不淨」❸。此經中只提到九個階段。在完成這個過程之後，禪修者將可達到禪那階段，得到禪那後，便可用這禪那作為修觀禪的對象。他們可檢視禪支，觀察禪支來去與生滅，看見它們生起與消失。從那個階段起，他們繼續修習各種觀的階段，直到完成觀

的過程，達到涅槃為止。因此，這種禪法起初可被用來修習止禪，然後用來修習觀禪。可以依照經中所說的方式修不淨想，以及此身處於危險與缺陷中之想。當此想在行者心中生起時，他們看見此想生起與消失，也看見認知對象的心生起與消失，看見心與心的對象——死屍，兩者的生與滅。他們如此修習念處禪，直到證得聖者果位為止。

當禪修者使用這些墓園觀來修習念處禪時，他們無須前往墓園，因為修觀禪的重點是運用「如這具死屍是令人厭惡與不淨的，我的身體也無法避免這樣的本質。」他們應該像這樣，在這些觀察上修禪。

在西方國家，要前往墓園修不淨觀非常困難，因為你在墓園看不到屍體。在美洲，死屍被弄成像是睡著的男人或女人，看起來很美。在美國，你可能無法藉由觀察死屍而得到厭惡的感覺。你也許可以拿到一些圖片，但照片並不夠，因為即使找到這些圖像，這個屍體既不會膨脹，也不會潰爛或分解等。即使在東方國家，如今也很難看到屍體變壞的各種階段。

屍體變壞的第二到第八個階段，經中提到是：

被烏鴉、老鷹、禿鷹、蒼鷺、狗、豹、老虎、豺狼或各種蟲類所噉食。

只剩下一些血肉附著的一具骸骨，依靠筋腱而連結在一起。

已變成一具無肉而只有血跡漫塗的骸骨，依靠筋腱而連結在一起。

已變成無有血肉的骸骨，依靠筋腱而連結在一起。

已變成四處散落的骸骨，這裡是手骨，那裡是足骨、脛骨、大腿骨、髖骨、脊柱與頭蓋骨。

已變成貝殼色的白骨。

已變成堆積年餘的骸骨。

第九個階段是：

比丘看見被丟棄於塚間的死屍，骸骨已粉碎成骨粉。然後他以之反觀自身，思維：「確實地，我的身體具有相同的本質，也將會變成如此，且無法避免這樣的結果。」

因此，我們最後只剩腐爛與粉碎的骨頭。還有另一種不淨觀，名為「骸骨觀」，有些人以骸骨或骨頭為禪修對象。禪修者修習這種禪法一段時間後，他們將看見唯有骨頭。雖然此人可能還活著，但禪修者將只看見他或她的骸骨。

有個關於摩訶帝須（Mahā Tissa）長老的故事。在他前往村莊托缽時，遇見一個女人，她剛和丈夫吵過架，正要返回娘家。這個女人看見比丘並微笑，但比丘只看見這女人的牙齒，因而生起骸骨相，他一直在修習這禪法。他達成身體的不淨想，且只看見骸骨，便立即修習觀禪，並成為阿羅漢(arahat)。女子的丈夫隨後趕到，遇見這位比丘，並詢問他路上是否見著一個女人。這位比丘回答：「我沒有看見男人或女人走在這條路上，我看見的是一具骸骨走在路上。」這是利用墓園禪法修

習不淨觀的結果。

我們已完成「身隨觀」。有十四個業處或身隨觀的主題——入出息念、身體姿勢、正念正知、觀身不淨、四界分別觀與墓園九觀。

【原註】

① The Path of Purification (Visuddhimagga), 1976, pp. 192.（譯按：中譯文參見葉均翻譯，《清淨道論》，正覺學會印行，2000年，頁183。）

【譯註】

❶ 取相：三種禪相（遍作相、取相、似相）之一，禪相即禪修時內心專注的目標。禪修者觀察屍體的膨脹相時，該目標即為「遍作相」。在觀察遍作相後，心中生起與肉眼所見相同的影像，即為「取相」，顯現的是壞形的、恐怖的景象。專注於取相時，與之類似、更為純淨的「似相」就會生起，顯現的是如肥滿的人飽食後睡臥的樣子。似相只出現在遍處、三十二身分與安般念等修法，通過似相而生起近行定與安止定。

❷ 五蓋：「蓋」是指會阻止未生起的善法生起，以及使已生起的善法不能持久的心所。會障礙禪那生起的五蓋是：欲欲、瞋恚、昏沉睡眠、掉舉惡作與疑。當鎮伏五蓋時，禪修者便能到達初禪。

❸ 《清淨道論》裡所提到的十種不淨相是：膨脹相、青瘀相、膿爛相、斷壞相、食殘相、散亂相、斬斫離散相、血塗相、蟲聚相、骸骨相。詳見《清淨道論》第六〈說不淨業處品〉。

第二章
受隨觀念處

我們有許多種受——樂、苦、不苦不樂（捨）。「受」在此應理解為心理。當有苦時，你感到苦，那個心理的感受被召喚，以巴利語來說即是vedanā。每次你說vedanā時，你是指感到苦，感到樂，或感到不苦不樂。隨觀或注意樂、苦或不苦不樂受的禪修者，即可以被說成是在修習「受隨觀」。

隨觀感受，看見感受的生滅

> 復次，諸比丘！比丘如何安住於受，隨觀感受？
> 於此，諸比丘！比丘感到樂受時，了知：「我感到樂受。」感到苦受時，了知：「我感到苦受。」

無論禪修者經歷何種感受，他們都必須注意與觀察它。這些是佛陀對修習觀禪的指導。當你有身體的苦受——痛、麻或僵硬時，你藉由說出：「痛、痛、痛」，而將心專注於痛處，注意那個痛。當你有美好或快樂的感受時，則你只是說：「樂、樂、樂」，或「好、好、好」，或「高興、高興、高興」。禪修者對不同感受的了知和未修禪修者的了知非常不同。當你感到好時，你知道自己正感到好。當感到不好時，你知道正感到不好，但這並非禪修，也不是觀禪。修習觀禪的行者，看見與觀察感受就只是感受，而非某個人的感受。它既非個人的感受，也不是恆常或持續的感受。就如你在行走時，修習了知「行走、行走、行走」一樣，禪修者在此也應同樣了解「感受、感受、感受」。

禪修者的了知和一般未修禪修者的了知南轅北轍，一般未修禪修者的心無法去除「有身見」與「我見」，因此，它不可能是觀禪。然而，禪修者的心可看見只有感受，只有樂受或苦受，除了感受本身以外，沒有感受者，這個感受無法被說成是屬於某人或某個恆存實體。

　　你也知道這感受並不持久，當有個苦受時，你持續注意這個苦受——「苦、苦、苦」，這可能會持續十到十五分鐘，直到你了解這個苦是無常(anicca)的。苦並非固定不變，有各種階段與剎那的苦，一個苦來了又去，然後下一個苦來了又去，你看見苦並非一個連續的東西。

　　當你能看穿這個連續性時，便能看見事物的無常，因為連續的假象無法覆蓋或遮掩實相。當你以為它是連續的時，你認為事物是恆常的，會持續很久。當去除連續性時，你將看見生與滅——事物的出現與消失。因此，禪修者的了知與了解比一般人深入許多。

世俗的樂受、苦受與捨受

　　有各種的感受。首先，有樂受與苦受，然後有不苦不樂受。你可能生起世俗的樂受，它和你生活中接觸到的事物有關，例如色、聲、香、味、觸、想，以及你認為自己擁有的事物，例如丈夫、妻子、小孩。這種樂受依世間事物而有，因此名為「世俗的樂受」。當你有這種受時，必須覺知它，並注意它為「樂」。有時你可能會有苦受，你感到悲哀或很沮喪；或有時

某件珍愛的事物不見了或被人拿走了，你會感到憤怒、悲傷或遺憾，這些是和世間事物有關的苦受。它們也可能發生在禪修者身上，那是當他們想到發生在自己身上的一些壞事時。當他們心中生起這些感受時，一定要注意它並說「遺憾、遺憾、遺憾」，或「憤怒、憤怒、憤怒」，無論那個感受是什麼。

中性的感受既不苦也不樂。有時觀行者遭遇感官對象時，他們感到不樂也不苦，也無法放棄這對象。在此，禪修者心中生起伴隨貪著的中性感受，這種受名為「世俗的不苦不樂受」，也稱為「世俗捨」或「無智捨」（aññāṇupekkā）。

非世俗的樂受、苦受或捨受

你可能也有非世俗的感受，「非世俗的樂受、苦受或捨受」，是指於禪修期間生起的感受。當你禪修時，可能有不錯的專注或能看見諸法的生滅，因而感到快樂，你那時感到如此快樂，以致難以遏制或壓抑這種感受，而很想起身告訴別人，這種感受特別發生在當禪修者看見法的生滅時。禪修者不應以貪著去經驗那個感受，而必須注意那感受，保持正念。如果他們貪著那感受，可能會停在這階段，而無法進步。

什麼是「非世俗的苦受」呢？有時無論如何嘗試，就是無法禪修，你的心無法停留在禪修對象上，而變得心灰意冷或沮喪，那就是非世俗的苦受。有時禪修者已達到禪那階段，然後出定，感到有些悲傷或懊悔。應注意這種感受，「悲傷、悲傷、悲傷」，或「遺憾、遺憾、遺憾」，並加以克服。

有個關於一位長老的故事，此人非常有學問。據經典所說，他教導十八個弟子團體，是位非常偉大的老師，特別擅長於經典，遵從他的指導而證得阿羅漢果的比丘，高達三萬人之多。有一天，其中某位弟子檢視自身的善法，隨後想到他的老師，於是他檢視老師。他發現老師還是一個凡夫，尚未證得阿羅漢果。因此，他去為他的老師上一課。他到達時，老師問他：「你來做什麼？」他說：「我想聽你開示佛法。」老師說：「我沒有時間，我很忙。」於是學生說：「等你去村裡托缽時，我才問你。」「不！不！那時會有很多人發問。」學生一直想約個時間，但老師都撥不出空。最後，學生對老師說：「法師，難道你連兩、三次坐禪的時間都沒有嗎？如果你連這點時間都沒有，則你將連死的時間也沒有。你總是像陀螺般忙碌，被別人所依賴，然而卻無法依賴自己，我對你再也沒有任何要求。」學生離開後，老師受到感動，決定針對此事禪修。他並未將此事告訴任何人，以為兩、三天內就能成為阿羅漢，然而他卻無法證得阿羅漢果。就這麼過了一個雨季，在雨季安居結束時，他毫無成就。他感到很難過，因而哭了起來，他哭了又哭，一連修了二十九年。到了第三十年，在雨季安居結束時，他依然是個凡夫，並未證得任何果位，他非常難過，不禁放聲大哭。那時，一個天神來找他，也在一旁哭泣。因此他問：「誰在這裡哭泣？」「我是個天神。」「你為什麼哭呢？」「啊！我看見你在哭，以為只要哭就可以證果。」比丘深受感動，他對自己說：「現在連天神都取笑我，我實在不應該再沮喪或難過了。」於是他振作精神，繼續修行，終於成為一位阿

羅漢。雖然他精通三藏，但是仍然花了三十年才證得阿羅漢果。於禪修期間，他執迷於非世俗法的傷心感受，成了他成就的障礙。

禪修中的不苦不樂受，稱為「正念的非世俗受」，發生在禪修者達到較高的觀智並經歷捨受時。他們無須太努力隨觀這個禪修對象，它會自行生起，此時，他們會有不苦不樂受或捨受，這種感受稱為「非世俗捨受」。當它們在心中生起時，你一定要保持正念，注意：「捨受、捨受、捨受」。無論禪修者正在經歷何種感受，都能覺知它們的生滅，而逐步到達愈來愈高的觀智階段，直到證果為止。

不執著感受，證悟實相

必須注意感受。當禪修者注意到感受生起時，將看見它們的生滅；也將看見，因為有苦，故有苦受；因為有樂，故有樂受等。禪修者如此認出受的「生法」、受的「滅法」，與受的「生、滅法」。他們可能於內隨觀自己的感受，或藉由推理，於外隨觀別人的感受，或同時於內、外隨觀。於禪修時，應藉由覺知、正念與注意，如此觀察感受。當禪修者看見感受的生滅時，他們將不會執著它們，因而能「證悟實相」。這即是「於感受隨觀感受」。

第三章
心隨觀念處

心是意識的一部分。在佛陀的教法中，意識分成兩部分
——心與心所。「心」是能覺知外境者，它的作用是對外境的
純然覺知。「心所」是為心著色者，它們和心一起生起並修飾
心。貪是心所，瞋是心所，痴是心所，信是心所，慧是心所。
當這些心所生起時，它們和某種心一起生起。雖然這一節所強
調的是心，但心與心所卻密不可分。當你觀察心時，也觀察心
所。當你意識裡有瞋時，注意它，「瞋、瞋、瞋」，你練習觀察
這個心。「瞋」是指你的意識在生氣，或「我有個伴隨瞋的
心」。因此，當你注意「瞋、瞋、瞋」時，你修習這種禪法——
「心隨觀」。

了知各種心的類型

其他類型的心也應注意。經中提到各種心：有貪，無貪；
有瞋，無瞋；有痴，無痴。

「收縮的心」，是指當你被昏眠壓抑時，所具有的一種心，
當想睡覺時，你的心是收縮的；「散亂的心」，是指當你無法安
住時所具有的一種心。「廣大的心」，是指禪那心；「不廣大的
心」，是指和欲界有關的別種心。

「有上的心」，是指和欲界與色界有關的一種心；「無上的
心」，指和無色界有關的一種心。

「專一的心」，是指達到禪那或入定的心；「不專一的心」，
是指散亂與不專注的心。

「解脫的心」，指心剎那或暫時解脫煩惱，它是內觀心或禪

那心;「未解脫的心」，指未解脫煩惱的心。

　　你需要認識阿毗達磨，才能了解上述各種心。然而，不一定要能區別這些心的名稱，只要你能在昏昏欲睡時，說「想睡、想睡、想睡」，或能在分心時，說「分心、分心、分心」，能這樣覺知就夠了。

觀察心的生滅，而知心無常

　　每次這幾種心在你意識裡生起時，都必須加以注意。於隨觀心識期間，一個心是另一個心的對象，它們無法在同一剎那生起，禪修對象的心稍微早一點生起，注意的心則稍微晚一點生起。但你可以稱它們為同時，因為當隨觀心識時，它們相差的時間很短。當不同的心生滅，你在它們生起時，注意這些特定的心。

　　當如此觀察心時，你將發現只有心，沒有「人」或恆存的實體作為主宰。你也將了解它剎那生滅，因此是無常的。當你看見它的無常時，便不會因渴愛與邪見而執取它。無執取則無業行，你將因而解脫痛苦。

　　這就是「心隨觀」。

第四章
法隨觀念處

到目前為止，我們已經研究了四念處中的三種：身隨觀、受隨觀與心隨觀。現在，我們將探討第四念處——「法隨觀」。

　　身隨觀是隨觀肉體或色身；受隨觀是隨觀身體感受的心理經驗：樂受、苦受與不苦不樂受；心隨觀也是隨觀心法——心與心所；法隨觀則是隨觀色法與心法。

　　第一種隨觀是隨觀物質的積聚——於色蘊上禪修；第二種隨觀是隨觀感受——行者於受蘊上禪修；第三種隨觀是隨觀識蘊；第四種隨觀是隨觀諸法。「法」的巴利語是dhamma，音譯為「達磨」，英文通常將它譯成mental objects（心的對象或心理對象），這其實並不正確或清楚，因為這一節所探討的禪修對象包括色、心二法。mental objects無論是指心的對象或心理對象，往往會顧此失彼，不夠周延，因此在英文版中直接保留巴利語dhamma而不翻譯。這在理解「法」之一字時，必須特別注意。

　　這一章討論「五蓋」、「五取蘊」、「六內入處與六外入處」、「七覺支」與「四聖諦」。「五蓋」是心法，「五取蘊」是色、心二法，「六內與六外入處」是色、心二法，「七覺支」是心法，「四聖諦」則是由色、心二法構成。

1 五蓋

我們將探討「法隨觀」的第一小節——「五蓋」。無論你在做什麼，你將發現必須克服某種阻礙或「蓋」（āvaraṇa）。五蓋是禪修的負面因素，它們會阻礙入定。關於這五蓋，佛陀說：

> 於此，諸比丘！比丘安住於法，隨觀諸法，即依五蓋隨觀諸法。

我們應如何理解「比丘安住於法，隨觀諸法，即依五蓋隨觀諸法。」呢？什麼是五蓋呢？

貪欲蓋

> 於此，諸比丘！比丘內心有貪欲出現時，了知：「我內心有貪欲」；或內心無貪欲出現時，了知：「我內心無貪欲」。他亦了知未生貪欲生起之因；他亦了知已生貪欲斷除之因；他亦了知已滅貪欲未來不生起之因。

佛陀以這些話指導我們如何對治貪欲。貪欲是這一節提到的第一種心理障礙。「貪欲」意指對於感官對象的貪愛，包括欲、貪、渴愛、渴望、淫欲，是指貪愛色、聲、香、味、觸、法等六境。對於任何事物的貪愛即是這一節所謂的「貪欲」。當貪欲於行者心中出現時，他們了知：「我內心有貪欲。」於禪

修期間，當你有欲念、淫念、渴愛或貪念時，應覺知於內心有貪欲出現，你必須在心裡注意「欲、欲、欲」，或「貪、貪、貪」，或「渴愛、渴愛、渴愛」。「出現」是指某物存在，因為它反覆發生。善念與惡念，兩者無法並存。這些念頭並非在禪修者了知它們的那一剎那「出現」，因為這些念頭和對於它們的了知無法並存，但因為這些念頭在禪修者心中一再生起，因此它們被說成是「存在」。在觀察它們那一剎那，在觀察這些障礙的剎那，它們已消失，也許持續幾分之一秒。「出現」是指某物在那一剎那已發生，你必須認出何者出現、存在，或反覆發生。當欲望出現時，禪修者了知「我內心有這樣的欲望」；當禪修者心中未出現貪欲時，他們了知「我內心無貪欲」。

「未出現」在此指兩件事。第一，是指「不存在」，因為它沒發生或已斷除。第二，是指它根本就沒生起，所以才未出現。或者，它先在禪修者心中生起，他們觀察它，然後它才消失。當它消失時，它將不見。有時禪修者注意欲望沒出現，它並未在心中生起；有時禪修者感覺有欲望，便注意這欲望，然後它消失，於是他們注意欲望在心中消失。因此，無論何種情況，當它未出現時，你都必須對貪欲沒出現保持正念。

他亦了知未生的貪欲生起之因。

善念或惡念生起都有原因，一般來說有兩種所謂的「思維」，我們稱之為「態度」或「見解」，它們是「如理思維」與「不如理思維」。不如理思維導致惡念，如理思維則帶來善念。「不如理思維」是指不適當的思維——在錯誤的軌道上思維，因

此我們稱之為「邪思維」。這種思維將無常視為常，將苦視為樂，將無我(anattā)視為我，將不淨視為淨。因此，當你認為事物是常、樂、我、淨與值得貪著時，便是具有不如理思維。這些思維是不智的，因為它們導致惡念生起。因此，不如理思維是惡念生起的總因。

另一種思維是「如理思維」，它們是適當的思維——在正確軌道上的思維。這種思維將無常視為無常，將苦視為苦，將無我視為無我，將不淨視為不淨，不可愛視為不可愛，這是看事情的正確方式，佛陀說諸法都是無常、苦與無我的。你不會貪著任何事物，當如此看待事情時，便可說是具有「如理思維」，它是正思維或正見。

貪欲會在你心中生起，因為你有「不如理思維」。有些外境是感官享受或貪欲生起的因緣，你看見某些事物，認為它們是美的、可愛的，於是對這些事物生起貪著，並感到某種渴愛。會生起渴愛或貪著，是因為你具有錯誤的態度，對這些事物錯誤地思維。因此，當貪欲在禪修者心中生起時，他們會注意到這個欲望在心中生起——他們正在不如理思維，以錯誤的方式看見欲境，認為它們是常、樂、我、淨的。在禪修時，你可以注意到這點，並覺知它：「因為我具有不如理思維，所以貪欲在我心中生起。」

他亦了知已生的貪欲斷除之因。

可以用兩種方式達到斷除貪欲，那就是藉由觀察它與培養如理思維，以了知外境的不淨本質；此外，禪修者也可以在不

淨觀上達到禪那。

佛陀說身體是不可愛、不淨與不祥的。能如理思維此事，可以導致斷除貪欲，或在藉由修習不淨觀而達到禪那時，也能斷除貪欲。在觀禪中，只要保持正念，便可去除或斷除貪欲。當覺知貪欲沒出現時，你知道它消失的因：「因為我具有如理思維，對這個對象具有正確的態度或見解，所以貪欲會消失。」

禪修者有時注意貪欲消失的因，也知為什麼這已斷除的貪欲未來不會再生起。這意味當禪修者成為阿羅漢時，一旦斷除貪欲後，將永遠不會再生起。他們「了知已滅的貪欲未來不生起之因」。他們藉由獲得道心而了知，因為道心，已斷除的貪欲永遠都不會再回來，藉由獲得道心，而完全斷除貪欲，這發生在禪修者獲得阿羅漢果時。它屬於成就階段——道心成就或聖者成就。因此，當禪修者有貪欲時，他們了知貪欲為何生起，了知貪欲為何消失，並了知貪欲為何剎那斷或暫時斷。

六種斷除貪欲的方法

當貪欲生起時，你能怎麼做？你讓它成為禪修對象，而安住其上。你注意這欲望，只要注意到它，它就會消失。註釋者指出可用六種方法來斷除貪欲，它們可在禪修者在觀禪出定時完成。

第一，禪修者可以採行「觀身不淨」，觀察一具屍體，或檢視身體的三十二個部分。行者修習這種禪法，之後這修行將幫助他們斷除貪欲。

第二種方法是「修不淨觀以到達禪那階段」，當禪修者到達禪那階段時，將可斷除貪欲。

第三種方法是「守護六根」，即禪修者守護眼、耳、鼻、舌、身、意等六根，如此一來妄念將無法經由這些根門生起。

第四種方法是「飲食知量」，適度飲食將有助於斷除貪欲。當你飲食過量時，會助長貪欲，你對食物的欲望會增加。因此，進食時，禪修者被教導不要全部吃光，應保留四或五搏。在亞洲，人們用手吃飯，手抓一把的量即稱為「一搏」。當比丘吃到最後時，不應全部吃光，而應保留四或五搏，改為飲水。換句話說，比丘飲食時不應把胃撐滿，應將剩餘的空間留給水，這對於心向涅槃的比丘而言，即已足夠。它對於所有心向涅槃的人來說，都已足夠。這一段告訴你如何舒適地吃，飲食知量是指以正念進食，別把胃撐滿。

第五種方法是「親近善知識(kalyāna mitta)」。所謂「善知識」，即堅定向道的朋友，或以西方的話來說，即「心靈之友」（spiritual friend）。親近善知識很重要，他能提供你向善的建議，你可以向這位朋友學習，以他或她為榜樣。因此，一位沒有貪欲的善知識能幫助禪修者斷除貪欲。

第六種方法是「適當的言談」。為了斷除貪欲，禪修者應談論身體不淨，或貪著的惡果等。

這六種方法將有助於斷除貪欲。

瞋恚蓋

本節探討的第二蓋是「瞋恚」。瞋恚在此是指憤怒、氣憤、憎恨，以及恐懼、焦慮、緊張、挫折與急躁。

> 比丘內心有瞋恚出現時，了知：「我內心有瞋恚」；或
> 內心無瞋恚出現時，了知：「我內心無瞋恚」。

在此我們再次有兩種思維，當有不如理思維時，你將有瞋恚；當有如理思維時，你將感到無瞋恚。

在禪修期間，氣憤或憤怒經常會在禪修者心中生起。他們可能是對自己感到氣憤，或可能因為別人製造噪音而心煩，無法專注，很快就會焦躁不安或生起氣來。當這種氣憤或瞋恚生起時，有時會想起某個曾和你吵架的人或你憎恨的人。因此，當各種情緒在禪修者心中生起時，他們應對氣憤的出現保持覺知，並注意：「我在氣憤」，或只是注意「氣憤、氣憤、氣憤」。當察覺到憤怒與瞋恚時，你便注意：「瞋恚、瞋恚、瞋恚」。你也許察覺到怨恨，或有時是恐懼，則注意：「恐懼、恐懼、恐懼」。因為你在注意氣憤，且注意它三、四次，氣憤或瞋恚將會消失。當它消失時，禪修者必須覺知它的消失，並注意：「我的心中不再有怒氣」，諸如此類。

> 他亦了知未生的瞋恚生起之因。

行者此時修習如理思維，一切事物都是無常的，瞋恚的對象也是無常。當禪修者如理思維它們的無常性時，便無法對它

們生氣；但若不如理思維時，將會對這些對象感到瞋恚與氣憤。因此，在禪修時，你有時可能會注意：「因為我錯誤地思維，而有這瞋恚，我對事情有不智的態度，我對它們有錯誤的見解。」當你覺知這點時，你便是在覺知瞋恚生起的因。

他亦了知已生的瞋恚斷除之因。

當經歷瞋恚並注意它時，你也將觀察它消失。當它已消失時，你清楚覺知它的消失，因為你注意瞋恚，所以知道它已消失。又，當你如理思維時，特別是針對慈心，瞋恚將會離你而去。因此，如理思維是瞋恚消失的因。

六種斷除瞋恚的方法

從觀禪出定後，禪修者也有六種方法能斷除瞋恚。

第一種是「生起慈心」，對一切眾生散發慈悲與善意。第二種是「修習慈心禪」，直到你到達禪那階段。當禪修者達到禪那時，將可斷除瞋恚。第三種是「思維自己所造的業是自己的財產」，這點很重要，有許多原因。當生氣時，你可以對自己說：「我在對誰生氣？」你轉生此世，是過去所累積業的結果，之後也會再根據此世所造的業轉生。因此，眾生是根據業而生與死，由於眾生的轉生與死亡是依據他們的業而來，因此你沒有理由對任何人生氣。生氣的人很想攻擊別人，想拿起熱鐵棒攻擊，或拿穢物丟向別人，但他們在害到別人之前，已先傷害自己。因此，禪修者應思維自己的業是自己的責任，我們都是隨

自己的業而流轉。

第四種方法是「廣泛觀察慈的好事與瞋的壞事」，也就是試著看見慈心的利益，以及氣憤、瞋恚與憎恨的弊病。藉由認出什麼是好的以及看見慈心的利益與瞋恚的弊病，禪修者將能斷除憎恨、瞋恚與憤怒。

第五種方法是「親近善知識」。善知識永遠都是斷除惡念的因與緣，惡念在此即指瞋恚。充滿慈心的人能影響別人也充滿慈心，因此當你和充滿慈心的朋友交往時，將能以他為榜樣，斷除瞋恚與憤怒。

第六種方法是「適當的言談」，談論修慈，談論慈心的利益與瞋恚的弊病，這將有助於斷除瞋恚。

> 他亦了知已滅的瞋恚未來不生起之因。

這個說法也屬於禪修者達到道心的剎那。當禪修者達到第三聖果時，他們完全斷除瞋恚。

昏眠蓋

下一個障礙是「昏眠」。簡單來說，就是昏昏欲睡，這經常出現在禪修者身上，我們在禪修期間都經歷過昏眠。

> 比丘內心有昏眠出現時，了知：「我內心有昏眠」；或內心無昏眠出現時，了知：「內心無昏眠」。

當禪修者想睡覺時，必須必須警覺自己的睡意，並注意

它。經常只是藉由注意，便可能斷除或趕走睡意與昏眠。當它們消失時，你也要覺知它們的消失，你了知：「我心中沒有昏眠，它們已消失」。

他亦了知未生的昏眠生起之因。

在此，不如理思維內心的無聊、倦怠、昏睡與遲緩，是昏眠之因。「不如理思維」是指認為無聊、倦怠、昏睡與遲緩等無害。然而，藉由如理思維，以及透過正確的精進態度，禪修者將可徹底斷除昏眠與睡意。因此，當你昏昏欲睡時，可以做兩件事：一是注意睡意：「想睡、想睡、想睡」；另一個是更加努力，更精進或專注於禪修對象。藉由精進，將可斷除昏眠。當昏眠被斷除而消失的時候，禪修者覺知它們不見或已被斷除。

他亦了知已生的昏眠斷除之因；他亦了知已滅的昏眠未來不生起之因。

在達到最後聖果時，才能徹底斷除昏眠。只有當行者成為阿羅漢時，才可能徹底斷除昏眠。他們了知昏眠已被斷除，因為已真的達到最後的聖果。

六種暫時斷除昏眠的方法

有六種方法可暫時斷除昏眠。

第一種方法是「了解飲食過量將造成昏眠」。也就是你必須

知道，當飲食過量時，將感到昏昏欲睡。當胃飽滿時，它需要更多血液，原本要流向腦部的血液，將流往胃部，而使你感到頭暈或想睡。了解了這點之後，你就會修習飲食知量，並因而斷除昏眠。

第二種方法是「改變你的姿勢」。當你坐著感到昏昏欲睡時，也許可以改變姿勢，站起來練習立禪，或上下走動。因此，當改變姿勢時，你將驅散昏眠與睡意。

第三種方法是「作光明想」。你嘗試在內心看見光，日光、月光、星光或電光等。作光明想能幫助你打消睡意。你只要閉上眼睛，嘗試看見光明，心想事物是明亮的。如此一來，你也許便能斷除昏眠。

第四種方法是「待在空曠處」。你可能在房中感到昏昏欲睡，此時你可以走到外面，坐在樹下或其他地方。然後，你將能斷除睡意。

第五種方法是「親近善友」。親近一個不嗜睡的朋友，一個睡眠不多的朋友。若你和精進的人為伍，他不會總是昏昏欲睡，你或許便能斷除昏眠與睡意。

第六種方法是「適當的言談」。你辨別昏睡的弊病，與保持清醒的益處。

佛陀教導目犍連八種克服昏眠的方法

在經典中，可找到更多對治昏沈的參考資料與建議。你們讀過目犍連尊者的故事嗎？他是佛陀的兩位大弟子之一，是神

通第一者。在他達到阿羅漢果之前，經常在禪修時昏昏欲睡，一直打盹，而無法把心放在禪修對象上。佛陀透過神通力知道此事，而出現在他面前，並建議他如何對抗睡意。此事在《增支部》中有提到：

> 佛陀問：「你在打瞌睡嗎，目犍連，你在打瞌睡嗎？」
> 目犍連說：「是的，我很想睡覺。」於是，佛陀說：
> 「那麼，目犍連，無論何等睡意降臨在你身上，你都不
> 應注意它們；你不應住於這些念頭上。如此一來，你
> 的睡意將可能消失。」

因此，當你想到會引起睡意的事情時，你應「避開這個念頭」。這是第一個建議。第二個是：

> 如果這麼做睡意仍未消失，則你應思維曾聽聞與學習
> 過的教法。你應深思這些教法，並在心中仔細檢視它
> 們。如此一來，你的睡意將可能消失。那意味著，你
> 應默念曾聽聞與學習過的佛法。那意味著，你對佛法
> 發展出某種好奇心，或作一些佛法的思維。當你深思
> 法義，仔細在心中檢視它時，將再次警覺，並將能驅
> 散睡意或昏沈①。

如果這麼做，睡意仍未消失，第三種方式是「仔細重複你曾聽過或學過的教法」，也就是將念誦它們。當你曾用心學習過某事時，你念誦它。透過念誦曾學習過的任何事，都可能驅散睡意。

如果這麼做，睡意仍未消失，第四種去除它的方式是用雙手「拉兩耳垂」，並「搓揉四肢」，拉耳垂與搓揉四肢好讓自己警醒。如此一來，睡意便可能會消失。

　　如果這麼做，睡意仍未消失，第五種方式是「從座位起身以水洗眼」，用冷水洗眼。你應環視四方，如此一來，睡意便可能消失。

　　如果這麼做，睡意仍未消失，第六種方式是「作意光明想」——日光想，夜晚如同白晝，無分晝夜。換句話說，即使在夜間，你視它如同白晝，依然明亮，你便可能驅散睡意。保持清澈與明朗，如此便可使內心充滿光明，睡意便可能會消失。

　　如果這麼做，睡意仍未消失，並且當你收攝諸根，心不向外放時，第七種方式是「上下走動」。因此，當感到昏昏欲睡時，要起身練習行禪。對來回行走保持覺知，你注意步伐與每一步的不同階段。藉由上下走動，與覺知來回行走，將能驅散睡意，昏沈可能會因而消失。

　　如果這麼做，睡意仍未消失，則你可以躺下來，作獅子臥——兩足相疊，右脅而臥，清楚覺知你在做什麼，並記住起床的念頭。你說：「我將於早晨某時醒來。」因此，當不想用鬧鐘來喚醒自己時，在入睡前，先下定決心：「我將一早就醒來。」當早晨有很重要的事要做時，將會準時醒來，因為你已下定決心會在那個時間起床。「記住起床的念頭」，是指下定決心在早晨某個時間醒來。一醒來，你應立即起身，不可使用有打盹按鈕的鬧鐘，一聽到鬧鈴就得起床，思維：「我不可以賴床，不該貪圖睡眠的舒適。」如此你將能驅散睡意與昏沈。

因此，共有八種對治睡意的方法，你可以選擇其中一種適合自己的方式。

掉悔蓋

下一個障礙是「掉悔」。「掉」即掉舉，巴利語是uddhacca，是指內心躁動不安，而會激動，無法停留在禪修對象上。「悔」即追悔，對於所做的惡事或錯事，或未做善事，感到憂惱。

比丘內心有掉悔出現時，了知：「我內心有掉悔」；或內心無掉悔出現時，了知：「我內心無掉悔」。

造成追悔的原因，是對於心理不安的不如理思維，例如心想：「這個心理不安根本不會對我造成任何傷害」，諸如此類，斷除追悔的因是能如理地思維心理的平靜。當你對於心理的平靜能如理思維時，將能斷除掉悔。因此當感到掉悔時，你了知它們出現；當它們消失時，你了知它們消失。也就是當感到掉舉時，你讓它成為禪修的對象，注意「掉舉、掉舉、掉舉」；或感到追悔時，你就注意：「追悔、追悔、追悔」。在你注意它們之後，掉舉與追悔將會消失，當它們消失時，你清楚覺知它們的消失，然後你可以注意：「消失、消失、消失」。

追悔可在達到第三聖果時完全斷除，掉舉則在達到第四聖果時完全斷除。當行者達到第三聖果時，他們清楚覺知追悔的完全斷除；當他們達到第四聖果時，他們清楚覺知掉舉的完全斷除。

六種斷除掉悔的方法

有六種方法可斷除掉舉與追悔。

第一是「多聞佛法」。行者嘗試多多聽聞佛陀的教法,以保持正確的知見。

第二是「詢問何者當作,何者當止」。當做錯事時,你會感到追悔,為了避免犯錯,你必須知道何者當作。若是身為比丘,他必須知道何者當作,何者當止。覺知何者當作,何者當止,將有助於禪修者避免做錯事。如此一來,他們就不會感到追悔。

第三個方法是「了解戒律」,這是對於想多認識戒律的比丘而言。當比丘徹底了解戒律時,他們不會犯任何錯,因此不會感到掉悔。

第四個方法是持戒時,「和較有經驗的長者交往」。

第五個方法是「親近善知識」,善知識可幫助你斷除掉悔。

第六個方法是「適當的言談」,即談論掉悔的弊病與平靜的好處。

修習這六種方法,你便可能趕走掉悔。

疑蓋

最後一個障礙是「疑」。

比丘內心有疑惑出現時,了知:「我內心有疑惑」;或

內心無疑惑出現時，了知：「我內心無疑惑」。

你可能對於佛、法、僧、修行與禪修主題產生疑惑，這些都可能成為疑惑的對象。疑惑生起的因，是對於可能造成疑惑的事物或疑惑本身的不如理思維。疑惑斷除的因，是對於正直與良善事物的如理思維。由於錯誤思維，你可能對佛、法、僧產生疑惑，當能如理思維時，就不會有這些疑惑。因此，當心中生起疑惑時，你必須覺知它們，注意：「疑、疑、疑」。當你注意它們，在注意三、四次之後，它們將會消失。當它們消失時，你注意它們的消失，對自己說：「消失、消失、消失」。

當禪修者達到第一聖果時，可徹底斷除疑，且知道自己已完全斷除疑惑。

六種斷除疑惑的方法

從觀禪出定，有六種方法可以「斷除疑惑」。

第一種是「多聞佛法」。嘗試多多聽聞佛陀的教法，以保持正確的知見。

第二種是「詢問有關佛、法、僧的問題」。當你對於三寶有疑惑時，儘量發問。這個國家裡的人常提出很多問題，藉由詢問許多問題，你將做出正確的事情。當有疑惑時，你發問並去除疑惑。

第三種方法是「了解戒律」，這是針對比丘而言。當你了解戒律時，便知道什麼該做，什麼不該做，因而沒有疑惑。

第四種方法是「淨信三寶」，也就是因了解而對於佛、法、僧生起正信。

第五種方法是「親近善知識」，即親近對於三寶具有淨信的善友。

第六種方法是「適當的言談」，談論疑惑的弊病與去除疑惑的利益。當禪修時，心中可能會產生疑惑，任何人都是如此。只要讓這些疑惑成為你禪修的對象，注意：「疑、疑、疑」，特別是當你懷疑這個方法的有效性時。當疑惑生起時，只要讓它們成為禪修對象，注意：「疑、疑、疑」，直到它們消失為止。

昏眠蓋與掉悔蓋

你可能已注意到「昏眠」在此被視為一蓋。它們其實是兩種煩惱，兩種不同的心所。它們被視為一對，是因為兩者具有相同的作用、原因與對治法。昏沈與睡眠都有「遲緩」的作用——心、心所與身體的遲緩，因此兩者有相同的作用。兩者都有相同的因——「懶散或怠惰」。兩者都有相同的對治法——「努力或精進」。由於它們有相同的作用、因與對治法，因此才將它們放在一起，合為一蓋。

「掉悔」雖然是兩種煩惱，但也被視為一蓋。「不平靜」是它們的作用，當你心中有掉舉或追悔時，你變得不安，不再平靜，因此，不安或不平靜是掉舉與追悔兩者的作用。它們的因是「想到有關的事，想到此或彼」，當你想到從前曾做過的惡事與未做過的善事時，會感到追悔。想到有關的事與其他事情，

是掉舉與追悔兩者的因。兩者有相同的對治法——「平靜」。它們有相同的作用、因以及對治法，因此才將它們放在一起，合為一蓋。

我們有多少障礙（蓋）？一、二、三、四、五、六、七蓋？這些不是全部，還有更多的障礙，但它們在經中皆不稱為「蓋」。它們有些是念頭——「游移的念頭」，當心游移時，就沒有定力。通常說「五蓋」或「七蓋」，但還應斷除游移的念頭，只要透過保持正念，注意它們即可。

斷除五蓋，定力加強

在已斷除，至少是剎那斷除五蓋後，你將變得有定力，藉由定力，將能覺悟與洞見身、心的本質。當禪修者於內安住於這五蓋時，便被說成是在「於內隨觀」；當想著別人的障礙時，「如同這些障礙於我之內，它們是無常的，別人的障礙也將如是」，他們便被說成是在「於外隨觀」。有時你可能先想自己的障礙，然後想別人的障礙，如是反覆來回，你便被說成是在「於內、外隨觀」。當禪修者試著覺知諸蓋，並看見它們共通的本質時，將了知沒有任何值得貪愛與執著的事物。因此，他們安住，

他亦不執著五取蘊世間任何事物。

這是禪修者安住於法，依五蓋隨觀諸法的方式。
上述即「五蓋」這一小節的內容。

2 五取蘊

「法隨觀」的第二小節包括「五取蘊」與「十二處」。

當佛陀描述世間——生物與無生物時，有時會以「五蘊」，有時以「十二處」，有時以「二十二根」，有時則以「四聖諦」加以敘述。他根據聽眾的需要與理解力而這麼做。有些人的根性偏好五蘊，有人則喜歡十二處。當佛陀以五蘊敘述世間時，他說「五取蘊」。因此，你必須了解兩個字——「蘊」(khandha)與「取」(upādāna)。「取」在此是指強烈的渴愛、欲望。欲望有兩個層次，較溫和的欲望稱為「貪愛」，強烈的欲望則稱為「執取」。執取的巴利語為upādāna，意思是「緊抓住」，我們應以抽象的意義來理解它，因為它在此不是指身體的抓取，而是心理的抓取——內心渴愛各種對象。

「取」有兩種——欲取與見取。你看見一個物體，對你來說它很可愛、很美，你喜歡它、貪著它，想要擁有它。然後你在心裡執取這個對象，因為你貪著它、渴望它、想要它。你也可能對事物具有邪見，佛陀說：「諸行無常，無非是苦。」有時你視事物為恆常，認為它們很好而想要擁有，諸如此類。透過邪見，你因而貪取各種事物，並在接觸到它們時加以執著。因此當你使用佛法術語時，「取」與「執」被視為兩種心所。

佛陀談到「蘊」時，是指「積集或聚集」，有五蘊——色(rūpa)、受(vedanā)、想(saññā)、行(saṅkhāra)與識(viññāṇa)蘊。整個世間都是由這五蘊所組成，包括所有物質與心理的現象。

「蘊」也指「被區分為過去、現在與未來；內與外；粗與細」等的事物。當一個事物可被視為存在於過去、現在或未來，或內或外時，則它就可以說是由「五蘊」所組成。

對於這五蘊，一次只能出現其中一蘊。因此，關於受蘊，只有一個感受具有經歷其境的特性，這感受即稱為「受蘊」、「受集」或「受聚」，因為受可被區分為過去、現在或未來，諸如此類。其他各蘊之理亦同。

讓我們先看五蘊中的第一個——色蘊。除了心之外，你的身體就是色。整個外在世界，山與樹、湖與路、房子與汽車，都屬於色蘊。

第二蘊是受蘊。對於身體與各種物體，你可能有各種感受。當你看見一個物體時，會有一些感受，可能是好的、壞的或中性的感受。當認知痛苦時，你會感到一種痛苦的感受；當認知快樂時，你會感到一種快樂的感受；還有中性的感受——不苦不樂的感受，這感受是心理而非身體的。痛苦是身體的，但痛苦的感受則是心理的，感覺是身體的，而對那些感覺的感受，如痛苦的感受，則是心理的。快樂之理也是如此。快樂的感覺可能是身體的，但快樂的感受則是心理的，它發生在心裡。感受是指「心理特質」，或「經歷其境的心理狀態」。它可能是痛苦，也可能是快樂，或是不苦不樂的心理狀態。有時你經歷某些心理對象，它又成為感受的對象。當你對某件事感到遺憾，或當你對某件事感到快樂時，你經歷一種心理狀態，它是另一種心理狀態的對象。這是受蘊。

下一個蘊是想蘊，它的巴利語是saññā。「想」有認知事情

的特性；它的作用是製造心理記號或符號，作為再次認知或之後認知的參考條件，「這是同一件事，這是它。」因此，製造心理記號或符號，以便之後你遭遇某件事時提供記憶或認識，即稱為「想」——經中的五蘊之一。「想」被比喻為木匠在木材上畫記號或符號，這麼做是為了之後他們可知道要用的是哪一部分，應切掉哪一部分，以及什麼東西應送去哪裡。「想」可能錯誤，也可能是正確的。例如，當盲人遇上大象，他希望知道象是什麼，如果他只摸一個地方，這頭象對他來說可能像一根柱子或一面牆，端視他摸到的部位而定。對禪修者來說，「想」的現起，就如藉助理解符號來詮釋的舉動。這可以被比喻為鹿看見稻草人時的看法。當人們想要將鹿驅離田地時，可能會放置稻草人，鹿看見稻草人時，牠的反應就像看到真人一樣，稻草人是鹿產生錯覺的近因。因此，「想」對禪修者的現起，就像藉助理解符號來詮釋的舉動。它的近因是客觀存在的領域，無論它是以什麼方式來呈現，事實上，它都被理解為正確的對象。因此，「想」畫記號或符號，以便之後它可以記得或認出那個對象。一次只有一個心所可稱為「想」。它也稱為「蘊」，因為它可以屬於過去、現在或未來，或內或外，細或粗等。一個對象絕不可能同時屬於過去、現在與未來，或同時內與外，細與粗。因此，「想」被稱為「蘊」。

下一個蘊是行蘊。這些行是各種「心所」——心理狀態或因素。以「思」為首而帶來的心理狀態稱為「心行」，巴利語為saṅkhāra。我們共有五十種心行。「貪」是一種心行，「渴愛」是一種心行，「瞋」是一種心行，「痴」是一種心行，「信」

是一種心行，「念」是一種心行，「慧」也是一種心行。它們造作某件事，因而稱為「行」；由於它們屬於心，因而稱為「心行」。

最後一個是識蘊。在佛陀的教法中，意識分成兩部分——心與心所。心是對外境的純然覺知，它和我們所說正念的覺知不同。它就只是對外境的純然覺知，沒有好與壞、藍與紅等想法。它就只是覺知外境——禪修者認出它只是一個對象。這稱為「心」，心與心所總是一起生起。

論藏中提到，共有八十九或一百二十一種心❶。當禪修者了知或覺知心時，他們便可說是經驗到「識蘊」。有各種心，你已經在「觀心」一節中研究過它們，例如有貪的心、無貪的心，諸如此類。

在這五蘊裡面，一個屬於色法，其餘四個屬於心法。第一個蘊是色法，其餘受、想、行、識四個蘊是心法。人不外兩種法——心與色，你見到的物質為色法，受、想、行、識為心法，屬於意識。根據阿毘達磨的教導，意識分成兩部分——心與心所。就五蘊而言，受、想、行等三蘊屬於心所❷。

「取蘊」是什麼意思？這些蘊是貪取的對象，它們是執著的對象。這些蘊有些屬於世間法，有些屬於出世間法。有八十九種心，在它們當中，八十一種屬於世間法，八種屬於出世間法。❸在這八種出世間心之中，你有受、想與一些心行。因此，有些受、想、行，屬於出世間法，其他的受則屬於世間法。

只有那些屬於世間法者才可能成為執取的對象，你無法藉由渴愛或邪見執取屬於出世間法的心。當你使用「取蘊」一詞

時，表示這些蘊是執取的對象，只屬於世間法。簡而言之，幾乎世上一切事物都屬於五取蘊。當人們修習念處禪時，他們逐漸覺知這些蘊，並認出它們的存在。

色蘊

於此，諸比丘！比丘了知：「此是色，此是色生起或色生起之因，此是色壞滅或色壞滅之因。」

這是禪修者認知色蘊的方式。例如，禪修者觀察並注意自己的呼吸——入與出，入與出。呼吸屬於色蘊，禪修者了知這屬於色法。當你看見一個物體時，了知這是個物體，是物質、可見的物體，這是色法。當你聽到一個聲音或聲響時，了知這是物質，這有物質的特性，這是色。如是，比丘或禪修者學習「色」是什麼，以及色蘊是什麼。

「此是色」在此經中是意指「這是色，而非其他。」「此是色生起」意思是禪修者觀察與認知色的生起或出現。因此，入息時，不可能有出息；出息時，不可能有入息。入息接在出息之後，出息又接在入息之後。如是，禪修者認知這個色——呼吸的生起。

當禪修者獲得法住智❹時，可能會了知色之因。「這個色——呼吸，屬於身體，如今我有此身，是因為過去的無明與渴愛。我也許在過去累積了一些善業，那是為何我有這個身體與色法的原因。」如是，禪修者了知或了解色之因。當禪修者仔

細觀察自己的呼吸時，將認出它的消失。入息消失，然後出息會生起；出息消失，然後入息會生起。如是，禪修者認知色的消失，與色壞滅之因。如果你在過去對渴愛沒有無知，便不會累積惡業，此世也就不會有這個色法。

確認色生與色滅之因，名為「類比觀」。我們有兩種觀，「直觀」與「類比觀」。當禪修者認知色的生與滅之因時，它應是「類比觀」。其他各蘊之理亦同。

受蘊

「此是受，此是受生起或受生起之因，此是受壞滅或受壞滅之因。」

關於受，禪修者了知那只是受，而非其他。當你了知「此是樂受」或「此是苦受」時，這就是在隨觀感受，而非隨觀諸法。但了知「這只是受，而非其他」時，則是在隨觀諸法。

有苦時，禪修者了知有苦，或有苦受。他們也了知因為有苦，故有苦受，其他感受之理亦同。當禪修者如此仔細觀察受時，他們看見受的生起與受生起之因。

當苦消失時，禪修者了知苦已消逝。他們也了知因為無苦，故無苦受。其他感受之理亦同。當禪修者如此仔細觀察受時，他們認知受的壞滅與受壞滅之因。

在禪修期間，各種的感受會很明顯。在打坐一段時間後，感覺會生起並造成麻木、痛苦或僵硬的感受。當這些感受生起

時，禪修者了知這是受，只是「受、受、受」。他們也認知這個受的生起與消失，以及其生起與消失的因。

想蘊

「此是想，此是想生起或想生起之因，此是想壞滅或想
壞滅之因。」

禪修者也應覺知自己的「想」，它們不像「色」或「受」那麼明顯。有時，禪修者了解阿毘達磨與五蘊，因此將注意這些「想」：「現在內心有想」，這個注意與標記的動作即是「想」。「想」是了解、認識與同化，它是將從所有根門進來的感覺賦予意義的心理過程。因為有個對象，所以你知道「想」生起。

你一生當中都有「想」發生，由於過去對渴愛的無知，你累積了業，因而有「想」。禪修者了知其的壞滅與壞滅之因，它可能只在他們心中生起一剎那，這一剎那過去，便消失，禪修者也將看見它壞滅之因。一旦沒有「想」的對象，它便將一起消失，一旦再也沒有無明、渴愛、業，「想」便不可能再生起。

行蘊

「此是行，此是行生起或行生起之因，此是行壞滅或行
壞滅之因。」

當禪修者經驗心行時，便覺知它們。禪修期間，有時你可能會感到氣憤、昏沈或無聊，有時可能只經歷善念，當這些念頭出現時，你認出它們是心行。「此是行，此是行生起或行生起之因。」因為有對象，所以有心行。

由於你在過去曾有無明、渴愛，因此累積了一些業，並於現在經歷這些心行。有關心行的消失，例如當禪修者覺知到憤怒，並說：「憤怒、憤怒、憤怒」時，不久之後，憤怒將會消失，這是經歷憤怒的消失。其他心行之理亦同。如果你在過去不曾有無明，也不曾經歷執取，你便不會在過去累積任何業，此世也將不會有任何心行。當禪修者隨觀心行時，會從中看出這個過程。

識蘊

> 「此是識，此是識生起或識生起之因，此是識壞滅或識
> 壞滅之因。」

有關「識」，禪修者認知它只是「識」，而非有貪之心或無貪之心，諸如此類。如果依照後者去觀察，這就是在「隨觀心識」，但如果觀察它只是「識」，則是在「隨觀五蘊」，你了知「識」的生起。有各種不同的心識。當看見某事時，你經歷「眼識」；當聽聞某事時，眼識消失，「耳識」轉而生起。禪修者如此了知各種「識」如何生起與壞滅，當看見「識」的生與滅時，你便是在隨觀諸法。

佛陀的意思並非指禪修者應刻意安住於五蘊上，他們不應尋找這五蘊，只是剛好注意到它們，並於禪修時覺知它們。你注意心中生起的一切事物，你認知的對象可能是色，有時可能是受、行或識。禪修者如是覺知這五蘊。

　　當禪修者觀察這五蘊時，就是在「隨觀內法」。但也可能隨觀他人的諸法，即「如同此蘊於我之內，它於他人亦將如是」，當如此隨觀時，你是在隨觀外法。當來回隨觀自己與他人的五蘊時，便是在「隨觀內、外法」。當你如此隨觀時，便能認清五蘊的生與滅，且找不到任何值得貪取與執著的事物。你安住在覺知五蘊上，不執著、不渴愛任何事物。

【譯註】

❶ 在論藏中，將心依「界」或「地」分成八十九心或一百二十一種心。「界」是指心時常活動於或到訪某境地，「地」是指諸有情投生或居住之地。八十九心分別是欲界心五十四種、色界心十五種、無色界心十二種與出世間心八種。若將八種出世間心依五種禪而分別，則有四十種出世間心，加上欲界心、色界心、無色界心，則總計為一百二十一種心。詳見《清淨道論》第十四〈說蘊品〉；《阿毘達摩概要精解》(A Comprehensive Manual of Abhidhamma)第一至二章（正覺學會出版，2000年）。

❷ 根據阿毘達磨的教導，行蘊之中包括五十種心所，加上受、想二蘊，則總計有五十二種心所。受、想二蘊屬於七種「遍一切心心所」之中的兩種，「遍一切心心所」是指一切心都有的心所，執行識知過程中最基本且重要的作用，缺少它們，心就無法識知目標。

❸ 八十一種世間法，是指欲界心五十四種、色界心十五種、無色界心十二種；八種出世間法是指四種道心與四種果心。

❹ 法住智：洞察名、色二法與它們的因緣，皆有無常、苦、無我本質的觀智，能超越關於三世的疑惑。先生起法住智後，便會生起以涅槃為對象的道智。

3 六內入處與六外入處

其次我們有「十二入處」。有時佛陀以五蘊描述世間，有時則以十二入處。它們稱為「處」，巴利語為ayātana，因為它們是其他事物的住處，其他事物的所在。在此它們是意識與一些心所的所在，有六內入處與六外入處。

六內入處是眼、耳、鼻、舌、身、意。它們稱為「內」，是因為它們對眾生最有益，是身體的最裡處。

六外入處是色、聲、香、味、觸、法。「法」在此是指心所、微細色與涅槃❶。如前所說，「法」(dhamma)這個字在不同的地方與不同的上下文，會有不同的意義。

六內入處對應於六外入處，或六外入處對應於六內入處。

第一組是眼根與色塵，眼根稱為「入處」，因為依據眼根，才有眼識生起。如果你沒有眼根，就不會有眼識，眼根是眼識的入處。色塵也是眼識生起的條件，如果沒有任何色塵，就不可能有任何眼識。盲人看不到任何事物，如果沒有任何東西可見，沒有任何外境，就不可能有任何眼識。聲、香、味等亦同此理。

你有耳根或耳淨色❷。當你說「耳根」時，你不是指外耳，而是內耳或耳淨色。因為有耳淨色，才有耳識；因為有聲響或聲音，你才有耳識。耳識依耳根與聲響或聲音而生起。香、味、觸、法之理亦同。

識總憑藉兩個入處——眼根與色塵、耳根與聲音、鼻根與

氣味、舌根與味道、身根與觸境，或意根與法塵，它們因而稱為「入處」，合計你有十二入處。禪修者如何了知這些入處呢？

了知內、外入處所生起的煩惱結

> 於此，諸比丘！比丘了知眼根，了知色塵，了知緣此二者而生起的結。

當你徹底了知入處時，將不僅了知入處，也了知緣於二者而生的煩惱結。那意味著，有個可愛的色境——美麗的外境，你看見它，此時於內生起眼識。因為它是可愛的外境，你可能有貪著或貪念；當外境醜陋或不可愛時，你可能感到氣憤、憎恨或厭惡。因此，緣於眼根與色塵，可能生起貪欲或瞋恚，諸如此類。禪修者了知緣於眼根與色塵，憤怒生起，諸如此類。

十結綑綁眾生於生死輪迴

這些貪欲與瞋恚等稱為「結」。它們就如繩子，將你綁在生死輪迴中。根據阿毘達磨(Abhidhamma)的說法，總共有十結。①

第一結是「貪」。當你看見（聽聞、嗅到……）某事時，你可能會生起貪欲。

第二結是「瞋」。當你看見不想看或聽到不想聽的事物時，瞋恚將生起。

第三結是「慢」。當禪修者心想「只有像我這樣的人，才可

能了解這些事」時，他們便在經歷我慢。

第四結是「邪見」。禪修者對於所見所聞可能有邪見，而認為這些事物是恆常的、值得擁有的，或它們是可愛的，諸如此類。當你持有這些邪見時，它們將成為結。它們變成繩子，把你綁在生死輪迴中。

第五結是「疑」。當禪修者看見或聽到某事時，疑惑可能生起。如果這種疑惑生起，你自問：「這是眾生嗎？」或「這是眾生的財產嗎？」當你經歷這種疑惑時，它們可能成為結與繩子。

第六結是「戒禁取見」，巴利語為sīlabbata-parāmāsa，是指某些儀式與儀禮，有些修行建立在邪見上，誤以為這些修行將導致斷除煩惱與證悟實相。在佛陀的時代，有人採取很奇怪的修行方式，相信它們能導致解脫。他們深信由於過去所累積的業，生命中才有喜悅或痛苦，為了避免業的影響，便認為必須對自己的身體做一些事，才能使業果竭盡。為了去除煩惱，他們像狗般行動、生活或吃東西。為了斷除煩惱、渴愛與欲望，有人則像牛般生活、吃東西或睡覺。相信那些修行能去除煩惱，便是戒禁取見。當然，在我們的時代，你可能找到更奇怪的信仰與修行方式，這種信仰可能透過接觸各種外境與入處而在心中生起。

第七結是「有愛」。渴愛有兩種——欲愛與有愛。欲愛是對欲境或感官歡樂的渴愛；有愛則是對存有的渴愛——對美好或較佳存有的渴愛，也就是你相信未來有轉生，且希望轉生到一個較好的存有。你貪著於較好的存有，這就是「有愛」。

第八結是「嫉妒」或「妒忌」，嫉妒他人的財產或成功。此結的作用是「對於別人的所有感到不滿」，它也意味著當人感到嫉妒時，他們不希望別人擁有某些事物。它的現起是「對於別人的財產與所有感到嫌惡」，而近因確實是「別人的財產」，所以嫉妒的對象或近因是別人的財產。當你看見屬於別人所有的美好或可愛事物而感到嫉妒時，你便將經歷此結。你也可能對於別人的無形財產，如快樂與健康等，感到嫉妒。在這種情況下，你應轉而修習利他的喜心(muditā)❸。

　　第九結可譯成「慳吝」，巴利語為macchariay，此字很難翻譯，意指「隱匿自己的財產」。當你慳吝時，不喜歡和別人分享財物，也不喜歡別人使用你的東西。例如，我有這台錄音機，如果不喜歡別人使用它，我便有這種慳吝；我無法容忍別人使用自己的東西。它的現起為「躲避」或「吝嗇」。它的近因是「你自己的財產」。嫉妒與慳吝有不同的對象。你可以對別人的財產感到嫉妒，又對自己的財產慳吝，這些經驗和吝嗇類似，但實際上並不相同。吝嗇源自於貪，但嫉妒與慳吝卻伴隨著瞋(dosa)。當有人使用你的東西時，你感到憤怒，這是由慳吝引起。當別人要求時，不將所有東西布施出去，不是慳吝。當有人向你要求東西，你不想給對方，那不一定是慳吝。即使阿羅漢也可能有這些經驗。

　　在佛陀時代，有位比丘去找一位比丘尼，要求她將內衣給他。他別有企圖，他想看這名比丘尼換衣服。但這名比丘尼拒絕，她說：「我無法給你這件衣服，它是我唯一與最後的衣服。」然而，這名比丘堅持，最後這名比丘尼不得不讓步。不

過，這名比丘尼是尼眾當中神通第一者，她使用神通將衣服給這名比丘，而沒有露出身體的任何部位。她最初拒絕並不表示她慳吝，她是位阿羅漢，因此並無慳吝或其他任何煩惱。因此，被要求東西而不給，不一定是慳吝；那也不是吝嗇，因為那是她僅有的一件衣服。

第十結是「無明」。無明總是和其他煩惱結一起出現，有貪欲時總是會有無明。無明伴隨一切惡念而來。

十結的斷除

這些是十結。它們可以藉由四果——初果、二果、三果與第四阿羅漢果而斷除。

當禪修者達到初果時，他們斷除第四、第五、第六、第八與第九結。

二果斷除粗的第一與第二結：粗貪欲與粗瞋恚。

當禪修者達到第三果時，他們斷除細的第一與第二結。

在他們達到第四果時，將斷除第三、第七與第十結。

如是，

比丘了知眼根，了知色塵，了知緣此二者而生起的結。

他亦了知未生之結生起之因。

禪修者因為培養如理思維而達此。

他亦了知已生之結斷除之因。

禪修者因為培養如理思維而達此。

他亦了知已斷除之結未來不生起之因。

禪修者藉由道心成就而滅除煩惱結。這些結一旦於道心剎那斷除後，未來將永遠不會再於他們心中生起。當他們達到聖位時，他們也了知這點。

當你在隨觀時，觀察當下的事物，並了解這些入處與依憑它們所生起的煩惱結。你也了解這些煩惱結的生滅與它們的入處，將找不到任何值得貪取的事物，於五取蘊世間並無任何值得執著的事物。

比丘如是安住於法，依六內入處與六外入處隨觀諸法。

當你清楚看見它們時，便是在隨觀內、外入處。

【原註】
① Dhammasangani（《法集論》），p. 197。

【譯註】
❶ 法處是指五十二種心所、十六種微細色與涅槃。微細色是指微細的物質，包括水界、女根色、男根色、心所依處、命根色、食素、空界、身表、語表、色輕快性、色柔軟性、色適業性、色積集、色相續、色老性、色無常性。詳見《清淨道論》第十四〈說蘊品〉。
❷ 淨色：是指眼、耳、鼻、舌、身五種感官裡的根門色法。以眼淨色為例，世俗所稱的「眼」在阿毗達磨裡稱為「混合眼」，是各種色法的組合。眼淨色是位於視網膜裡的淨色，對光與顏色敏感，也是眼識的依處色。其餘淨色詳見《阿毗達摩概要精解》第六章。

❸ 喜心(muditā)：這是四梵住或四無量心（慈、悲、喜、捨）裡的喜無量心，它是隨喜他人成就的心。

4 七覺支

當你禪修時，必須面對負面的因素，那是障礙；你也經歷正面的因素，那是助益。我們現在要探討七覺支，那是禪修的正面因素。

巴利語saṃbojjhaṅga是兩個字的組合，saṃbodhi與aṅga。saṃbodhi通常指「覺悟」——證悟實相，但在此文中，它也指徹底了知諸法，徹底了知禪修對象——名(nāma)與色(rūpa)，或心理與物質。巴利語aṅga指「分支」、成分或部分，在此譯成「支」。因此，「覺支」是指徹底了知諸法或名與色的分支、成分或部分。這個了知從覺察法的生與滅開始，適用於觀智的各個階段，直到證果或證悟實相。

念覺支

七覺支中的第一支是「念」(sati)。佛陀對它的解釋如下：

> 於此，諸比丘！比丘內心有念覺支出現時，了知：「內心有念覺支。」或內心無念覺支出現時，了知：「內心無念覺支。」

「念」是你賴以記得事物的心所。它的特相是不游移，不漂浮於水面，能深入對象或徹底覺知對象；作用是記得；對禪修者的現起是守護，猶如守衛般使他免於陷入放逸之中；近因是

四念處。因此，當你想要增長正念時，就要修習四念處。

　　當禪修者心中生起正念時，他們知道心中有正念。這意指你有正念，注意它，對自己說：「念、念、念」或「正念、正念、正念」。正念生起之因是如理思維。如前所說，障礙或不善法(akusala)生起的因是不如理思維，例如，將無常視為常，苦視為樂，無我視為有我等。如理思維則正好相反，它是指思維：「我將注意；我將了知；我將經歷喜」等。先前正念是後續正念之因。因此，如理思維在此是指思維「我將注意」；「我將了知」；或「我將經歷喜」。

　　當念覺支出現在禪修者心中，是因為他們已獲得正念，或它正好在其心中出現，此時他們了知：「我心中有正念。」當它未出現，因為他們尚未獲得它時，他們了知：「我心中沒有正念。」藉由修心，正念才能臻於圓滿。當禪修者達到阿羅漢果時，便已使正念達到圓滿。然後，

　　他亦了知已生的念覺支修習圓滿之因。

　　達到阿羅漢果的禪修者了知，藉由達到阿羅漢果，他們已使正念達到圓滿。對於其他覺支的段落也應如此了解。

四種生起念覺支的方法

　　有四件事能導致正念的生起與修習：

　　一、正念正知：你必須試著對一切正在做的事，例如你的姿勢與來回等，保持正念。重新複習本書第一部第一章3〈正

念、正知〉一節，修習正念可參考該節的建議。

　　二、遠離內心迷惑者：藉由遠離內心迷惑者，你可以修習正念。

　　三、親近具有正念者：當你親近具有正念者時，也將變得具有正念。緬甸有句諺語：「親近獵人，將成獵人；親近漁夫，將成漁夫。」當親近心被迷惑者時，你也將變得迷惑，並失去正念；但當親近具正念者時，你也將變得具有正念。

　　四、心傾向於正念：意即在一切姿勢中，無論你在做什麼，都應試著保持正念。你的心應總是嚮往正念的成就，如此才能發展出正念的傾向，並作好正知的準備。

擇法覺支

　　第二覺支是「擇法」(dhamma vicaya)。「法」這個字在不同的上下文中有不同的意義，在此「法」只是指名與色，或心理與物質，它是修習觀禪的對象。「擇法」在此不是指禪修者刻意抉擇「法」──名與色，它只是了知或察覺「這是心，這是色；這是生，這是滅；這是無常等。」

　　在注意與抉擇法時，這個對「法」的了知，每一剎那都呈現在禪修者心中。當你注意呼吸時，呼吸是色，而注意呼吸的意識則是心。你如此地清楚看見或分辨對象：「這是心，這是色；這是呼吸的生起，這是呼吸的消失」，諸如此類。因此，無論注意什麼，當你清楚看見時，就是具有這種擇法。

　　事實上，「擇法」是「智慧」的同義詞。在八正道中，它

稱為「正見」（sammā diṭṭhi）；在七覺支中，它稱為「擇法」（dhamma vicaya）。兩者的意思相同，即明辨名與色，或心理與物質。

它的特性是依事物各別的本質來洞見它們，即看見名與色，例如，「這是色，因為它不會認知；這是名，因為它會傾向於對象。」當以擇法覺支洞見時，它能確實與正確地洞見對象，因此它的洞見是準確與穩定的。它的作用是如燈一樣照亮場域，當房中無光時，你看不到任何東西；燈光一打開，房中一切事物都被照亮，你就能清楚看見它們。同樣地，當你有擇法──智慧（paññā）時，便可清楚地看見禪修對象──心與色。

它在禪修者心中的現起是「不迷惑」，當禪修者在擇法時，不會被迷惑，因此，洞見可比喻成燈光照亮房間，禪修者不再被迷惑。當他們有智慧，且在擇法時，便不再迷惑，因為能清楚看見對象是什麼，了知對象的出現與消逝。這也可比喻為森林裡的嚮導，雖然人們可能在森林裡迷路，但嚮導能引導他們走出森林。因此，擇法的現起是「不迷惑」。

七種生起擇法覺支的方法

有七種方法導致擇法的生起：

一、詢問五蘊、十二處、四界或四聖諦等佛陀的教法：藉由詢問，你得到了答案，將更認識禪修對象，並且修習這種法的智慧。

二、清淨依處：這是指內在與外在的清淨。「內在清淨」

是指身體的清淨，當想要增長這覺支時，必須保持身體的清淨，身體不清淨，心便無法清淨。當心不清淨時，屬於內心成份之一的「擇法」就無法清淨。因此，內在清淨或身體清淨是修慧所必需的。

「外在清淨」指保持你的房子、房間、衣服等的清淨。當它們骯髒時，你應加以清洗。當禪修者看見一間整潔的禪堂時，將更容易有定與慧；若房間雜亂時，他的心也會跟著雜亂。雜亂無法產生定與慧，內在與外在的清淨有助於擇法覺支或慧的修習。

三、平衡五根：藉由保持五根平衡，禪修者也可修慧。禪修有五根：信、精進、念、定與慧。信與慧應平衡，就如定與精進應平衡一樣。保持精進與定處於平衡很重要，你必須平衡這兩根。當禪修者太過精進而超過需要時，會變得激動與不安，但若不夠精進低於需要時，則會變得昏昏欲睡。禪修者必須在這兩端——過度精進與過度安定，以及過度信與過度慧之間，取得平衡。正念可平衡這兩組根，隨時都需要有它。佛陀說正念應無處不在，它永遠不可能太多；它應隨時現前。就如每盤菜都必須使用的調味料，例如在東方，每盤菜都會放鹽；它也被比喻為參與國王一切事務的宰相。五根之中，正念是最受需要的。

四、遠離愚痴者：藉由遠離愚痴者——對法、五蘊、十二處與四界等無知者，你可以修習擇法覺支。

五、親近智者：親近精通蘊、處、界等佛法的智者，將有助於你修習這個覺支。

六、深入思維：首先，你詢問五蘊、十二處等佛陀的教法，然後深入思維它們，一再地回想曾學習與研究過的事物。藉由深入思維五蘊、十二處等，你將能修習擇法覺支。

　　七、心傾向於擇法：無論是行、住、坐、臥或做任何事，你的心應一直嚮往獲得智慧。因此，保持心傾向於擇法——傾向於慧，那智慧總有一天終會成為你的。

精進覺支

　　第三覺支是「精進」(vīriya)，它是內心的精進，出現在每個注意的剎那。它不可太多也不可太少，當禪修者持續將心放在禪修對象上時，便蘊含內心的精進，如果他們內心不做任何努力，將無法持續將心放在禪修對象上。精進必須出現在每個心理活動的剎那，在每個注意的剎那。然而，禪修者的精進不應太多或太少，太多會導致掉舉，太少則會導致昏沈。

　　精進的特相是趨向某事；作用是鞏固和精進一起生起的心理狀態，支持、幫助擇法覺支；對禪修者的現起是不沮喪或不消沉，當禪修者精進用功時，不會沮喪或消沉。註釋書中說到，當正確地啟動它時，應視精進為一切成就的根本，若不努力或精進用功，就無法獲得任何成就①。

十一種生起精進覺支的方法

　　十一種方法導致精進生起：

一、思維惡趣：「如果我不精進，不努力用功禪修與累積善業，就必定會轉生到惡趣，受許多苦。」思維惡趣的可怖，你就不敢忘記修行，且會想努力用功。

二、思維精進的利益：你可以如此思維：「藉由勇猛精進，許多禪修者已達到聖果，放逸的禪修者無法獲得阿羅漢果，因此我一定要精進用功。」

三、思維道：這條禪修或內觀之道，精進的佛陀、辟支佛(pacceka-buddha)與大弟子都已走過。因此走在這條路上時，不宜放逸。

四、恭敬缽食：是針對受在家人供養的比丘，或受信眾護持閉關的行者而言，他們應始終對於這份護持心存感念。在家人對比丘與行者提供食物與其他資具，只有藉由精進修禪，行者們才對得起他們的護持者。佛陀允許比丘接受施食與其他資具，不是為了讓他們過懶散的生活，而是為了禪修與修習到達阿羅漢果所需的功德。因此，為了恭敬施食的習俗，行者們一定要精進用功。

五、思維遺產：「遺產」在此是指佛陀的遺產❶。禪修者應如此思維：「佛陀的遺產——法寶，真的太偉大了，它們無法藉由放逸而獲得。放逸者就如被父母拋棄的小孩，法寶也是如此，只有精進修行者才能獲得它們。」

六、思維大師：即憶念佛陀一生的重大事件，並如此提醒自己：「在聽聞如此的導師之後，我不宜放逸。」

七、思維種姓：「種姓」在此是指出生為比丘，因為藉由成為比丘，此人獲得新生，成為佛陀的法子。所以不宜放逸。

八、思維其他「法」的追隨者：禪修者應該如此提醒自己：「我是否追隨舍利弗、目犍連與已見道的大弟子們的生活方式？」

九、遠離懶惰者：藉由遠離懶惰以及放逸者，你可以變得精進。

十、親近精進者：藉由親近努力獲得善業者與禪修者，能生起精進。

十一、心傾向於精進：在每個姿勢與行動中，把心導向精進用功，將導致更為精進。

喜覺支

下一個覺支是「喜」(pīti)，pīti通常譯為「喜」或「喜悅」，它主要的意思是「獲得可愛事物的滿足」。我們必須區別pīti與sukha，後者常譯為「樂」，sukha指「獲得事物的實際經驗」。pīti是你將獲得可愛事物的滿足，它屬於行蘊；sukha則屬於受蘊。因此，當你得知將經歷某件可愛事物時，你有喜(pīti)；但當實際經歷它時，你則有樂(sukha)。

五種喜

「喜」的特相是使俱生狀態更討人喜歡；它的作用是更新身心，並遍及它們；對禪修者的現起是雀躍。

有五種喜：

一、**小喜**：它使汗毛直豎。禪修時，你有時會起雞皮疙瘩，或頭髮直立。你正在經歷喜。

二、**剎那喜**：它如閃電般出現。有時你的身體會經歷這種如閃電般的喜悅。你感到很好，且身體感到清涼，在氣候多半炎熱的東方，清涼的特質很受歡迎。

三、**繼起喜**：這種喜如海邊的波浪般，一波波相繼出現在你身上。

四、**踴躍喜**：它可使身體躍起，甚至騰空。有些故事提到人們由於這種喜而浮昇②。我們這個時代的行者經歷這種喜時，他們的身體可能會躍起一些或移到別處，而不會影響他們的姿勢。有時候，他們可能甚至覺得自己升至空中。這些是踴躍喜的顯現。

五、**遍滿喜**：它完全遍滿全身，如油遍滿一團棉花。當它在禪修者心中生起時，他們的全身可說被這種喜給浸透。禪修者在他們的禪修期間，將經歷這五種喜中的一、二、三、四或全部。馬哈希法師如此描述喜：

> 在它的五階段中也有狂喜生起，從小狂喜開始。心達到清淨時，藉由起雞皮疙瘩或四肢顫動等，狂喜開始出現；此時它產生一種快樂與欣喜的微妙感受，以一種極甜美與微細顫抖的方式充滿全身。在它的影響下，他感到全身似乎離地昇空，或者似乎坐在空氣的坐墊上，或者似乎上下飄浮③。

十一種生起喜覺支的方法

有十一種修行導致喜的生起：

一、佛隨念：可藉由思維佛陀的功德而修喜，憶念「佛陀是內心完全清淨者，佛陀是正遍知者」。

二、法隨念：思維「法是佛所宣說，法於當下可見」。

三、僧隨念：這可藉由思維聖眾的特質而達成，「世尊的聲聞僧伽已入善道，世尊的聲聞僧伽已入正道。」

四、戒隨念：當你正直且戒行清淨時，就可思維自身的戒清淨而體驗喜。

五、捨隨念：當你樂捐或布施東西給別人時，你可思維施捨(cāga)而體驗喜。

六、天隨念：有時禪修者比較自身與天界眾生的特質，藉由說「有行善修福者，他們死後轉生天界成為天神，而我也具有這種特質。」你如此思維而體驗喜。

七、寂止隨念：「寂止」在此是指煩惱的止息。藉由思維「煩惱已被成就所斷除，六、七十年沒發生」，可以體驗喜。然而，《清淨道論》解釋在此的寂止為涅槃或一切苦的止息。根據它的說法，可以藉由思維涅槃的殊勝，如：一切法中的最勝；驕的粉碎；渴的調伏；依賴的破滅；輪迴的摧毀；渴愛的斷除、離欲、滅，而體驗喜④。

八、遠離粗惡的人：藉由遠離行為粗惡的人，可以修喜。

九、親近文雅的人：親近態度與行為文雅的人，此人對佛陀具有正信並且心地仁慈，藉此你可以修喜。

十、思維能激發信心的經典：闡明佛陀特質與啟發正信的經典，是能激發信心的經典。藉由思維它們，你將能修喜。

十一、心傾向於喜：於一切姿勢中，將心導向喜，將有助於你達到目的。

輕安覺支

下一個覺支是「輕安」(passaddhi)，它發生在疲勞或其他苦受無須任何特殊努力便消退時。當禪修者達到某種禪定時，便會經歷這種輕安。你不會感到身體疲勞或有苦受，無須任何特殊努力，你便能經歷輕安。

它的特相是撫平心與心所的不安；它的作用是消除不安；它對禪修者的現起是心或心所不活動或冷靜。

七種生起輕安覺支的方法

七種修行導致輕安生起：

一、受用良好的食物：「良好的食物」是指適合的食物，不是好吃或豐富的，而是能滿足或滋養你的食物。

二、受用舒適的氣候：舒適的氣候能讓你在輕安中禪修。

三、受用舒適的姿勢：採一種能讓你輕鬆修行的安穩姿勢。

這並非指禪修者應對食物、氣候或姿勢大驚小怪，全心投入的禪修者修行時會忍受不適。註釋者說：「但彼具有善士本質者，對於各種氣候與姿勢都會安忍。」註疏者也說：

「受用這三種舒適，能在身安的基礎上帶來心安，因此是雙重輕安之因。」⑤

四、思維業是自己的財產：它被稱為「依中道抉擇」。視眾生經歷的苦與樂為無因自生是一端，視它們為主宰者或他人所造是另一端，遠離這兩端，你應知道苦與樂都是自己業的結果。一切眾生痛苦或快樂是因為他們過去累積的業，藉由如此思維，禪修者可以修習輕安覺支。

五、遠離身不安的人：遠離會騷擾他人者，將有助於你修習輕安覺支。如果你親近這種人，就會變得不安，這和輕安覺支相反。

六、親近身輕安的人：他們是「手足自律」者，也是行為自律者。

七、心傾向於輕安：於一切姿勢中，將心導向輕安，將有助於你達到目的。

定覺支

下一個覺支是「定」（samādhi）。這是心停留在一個對象上，如實安止於其上的能力。它的特相是不游移或不分心；作用是整合心理狀態，使它們保持集中；它的現起是祥和與平靜；近因通常是樂（sukha）。因此當禪修者經歷到樂時，定將尾隨而至。

十一種生起定覺支的方法

有十一種修行導致定的生起。前兩種上面已解釋過。

一、清淨依處。

二、平衡五根。

三、於相善巧：意指善於在遍處，或會造成禪那生起的其他相上禪修。

四、策勵心：心由於太缺乏精進而昏沈時，應藉由引入擇法、精進與喜覺支加以策勵或鼓舞。

五、抑制心：心由於過度精進而掉舉時，應藉由引進輕安、定與捨覺支加以制止。

六、使心歡喜：當禪修者由於慧力薄弱或不平靜而無法入定時，他們會變得沮喪。此時，他們應使心歡喜，例如藉由憶念佛陀的功德。

七、以捨心思維：當禪修順利，禪修者未經歷昏沈、掉舉與沮喪時，他們不應策勵、抑制或使心歡喜，以免干擾禪修。他們應以捨心修行，就如馬匹順利奔跑時，車伕只管向前看，無須干涉。

八、遠離無定者：意即遠離分心與缺乏定力者。

九、親近有定者：意即親近達到禪那者。

十、思維定與解脫。

十一、心傾向於禪定：於一切姿勢中，將心導向禪定，將有助於你達到目的。

捨覺支

七覺支中的最後一支是「捨」（upekkhā）。它的特相是平等地傳達心與心所；因為這個覺支，心與其他心所能正確地各司其職，不會不足或太過。因此，它有防止不足或太過的作用，能保持心所不會昏沈或掉舉。由於它防止不足或太過，所以不是任何心所的一部分。因此，它也有抑制偏頗的作用；現起是中立。

註釋書中提到十種捨，了解它在不同上下文中的意義很重要⑥。捨覺支不是捨受（不苦不樂受），當有不苦不樂受時，你有一種捨；當有捨覺支時，你有另一種捨。

五種生起捨覺支的方法

有五種修行導致捨的生起：

一、以不執著的態度對待眾生：當你貪著或偏愛眾生或個人時，就沒有捨或中道。為了修習捨，你必須以不執著的態度對待一切眾生。你思維眾生乃自作自受，心想：「我是由於自己過去所累積的業而轉生此地，並將因自己的業而離開此地，那麼我貪著的人到底是誰呢？」你藉此達到捨。你也可用最究竟的觀點來思維眾生，「事實上，根本沒有任何眾生存在，有誰是我可以貪著的呢？」

二、以不執著的態度對待事物：當你了解貪著某種東西時，可藉由思維事物的無主性與無常性來修捨。無主性可如此

思維：「這個東西將會變老與衰敗，總有一天會被丟棄。」心想：「這個東西無法持久，短時間內便會衰敗。」藉此思維事物的無常性。

三、遠離以自我為中心對待眾生者：這種人珍愛他們的兒女眷屬，無論他們是居士、學生或老師，甚至出家也是如此。他們如此貪著他們，以致於除了照顧他們的需求外，還捨不得讓他們做事或差遣他們。有人來請求他們派遣兒子或學生做些事情時，他們會說：「他們連自己的事都不做；如果他們做這件事，就會疲累。」像這樣以自我為中心的人，必須遠離。

四、遠離以自我為中心看待事物者：有人來向他們借東西時，這種人會說：「連我自己都捨不得用它，我怎麼可能把它借給你呢？」

五、心傾向於捨：於一切姿勢中，將心導向捨，將有助於你達到目的。

了知七覺支生起與圓滿之因

當這七覺支出現時，禪修者了知它們出現；當它們未出現時，了知它們未出現。你也了知這些覺支生起之因，這是如理思維，並了知覺支的圓滿之因——達到阿羅漢果使這七覺支臻於圓滿。因此，當禪修者達到阿羅漢果時，他們了知阿羅漢果使這七覺支臻於圓滿。當這些覺支生起時，他們於內——他們的內心，觀法而住；有時，他們於他人——於外，觀察這些覺支生起；有時，他們可能同時於內、外觀察。他們將了解，只

有這些覺支，沒有恆存的實體或「人」。禪修者如是了知，無所依而住，不執著世間任何事物。

　　諸比丘！比丘如是安住於法，依七覺支隨觀諸法。

　　修習於法隨觀諸法時，你先觀察五蘊，然後五蓋，然後十二入處，然後七覺支。

【原註】

① The Path of Purification (Visuddhimagga), 1976, Ch. XIV, p. 523.（譯按：中譯文請參見葉均譯，《清淨道論》，正覺學會印行，2000年出版，頁476。）

② 同上，Ch. IV, pp. 95-97.（譯按：中譯文請參見《清淨道論》，頁144-145。）

③ The Progress of Insight, p. 13.

④ 關於隨念的細節，請參考The Path of Purification (Visuddhimagga), 1976, Ch. IV。（譯按：中譯文請參見《清淨道論》第七至第八品。）以及The Way of Mindfulness, 1975, p. 186。

⑤ 同上。

⑥ 同註①，Ch. IV, pp. 166-68.（譯按：十種捨是六支捨、梵住捨、覺支捨、精進捨、行捨、受捨、觀捨、中捨、禪捨、遍淨捨。詳見《清淨道論》，頁158-160。）

【譯註】

❶ 佛陀的「遺產」是指佛陀所遺留下來的七種聖財：信、戒、多聞、捨離、慧、慚與愧。

5 四聖諦

「聖諦」的巴利語是ariyasacca，ariya意思是神聖，sacca則是真諦。有四個聖諦，之所以稱為「聖諦」，因為它們是聖者的認知與洞見，聖者是已洞見真諦與解脫煩惱者，這是此詞的第一個解釋。第二個解釋是，它們之所以稱為「聖」，因為它們是「聖者」所發現，「聖者」在此是指佛陀，他是聖者之最。這四聖諦並非佛陀所發明或創造，它們只是被他發現而已，它們始終存在，但可能受無明障蔽。世上無佛時，聖諦便遭人遺忘。

過去有許多佛，只有在佛陀出世時，四聖諦才被發現與揭露。隨著佛陀與其聲聞弟子入滅，他的教法也逐漸消失，四聖諦再次隱沒。很長一段時間之後，另一位佛陀會出世，發現四聖諦，並再次將它們揭露於世。

另一個解釋提到，它們被稱為「聖諦」，是因為洞見它們的人都成為聖者，洞見或證悟這些真諦者，都成為內心解脫煩惱的人。洞見或證悟這些真諦意味著個人的聖果成就，因此它們可稱為「聖諦」或「成聖諦」。

第四個解釋是真諦本身即聖，因此可稱為「聖諦」。「聖」在此是指真實，既無錯誤也無虛假。

四聖諦的特相、作用與現起

四聖諦是：

一、苦聖諦；

二、苦集聖諦；

三、苦滅聖諦；

四、導致苦滅之道聖諦。

第一聖諦——苦聖諦的特相是「苦難」。它折磨你，使你痛苦，因此苦的特性是苦難；作用是熱惱，使你痛苦；現起為繼起，繼續進行。

第二聖諦是關於苦的集起——「渴愛」。它的特相是「集起」；作用是不斷絕，意即持續造成不定生起，不允許任何中斷。渴愛的現起是障礙。

第三聖諦是關於涅槃，有「寂靜」的特相。寂靜意指解脫煩惱——貪、瞋、痴。它的作用是不死與不滅；現起為無相。因此，你無法以形相來描述涅槃，它沒有任何屬性。有一次，彌蘭陀(Milanda)王問那先(Nagasena)比丘是否可能描述涅槃的形狀、形態、年齡或大小，聖者回答不可能！①

第四聖諦——導致苦滅之道，特相是提供「一個出離的方法或道路」；作用是斷煩惱。事實上，這個聖諦包含出現在道心剎那的八支，因此，在道心剎那，煩惱被斷除。它對禪修者的現起為解脫輪迴。

第一聖諦的巴利語是dukkha，意思是「邪惡」(du)與「空虛」(kha)。任何令人厭惡與空虛的事物，任何無常、缺乏快樂與缺乏實體的事物，都稱為「苦」(dukkha)。

第二聖諦是samudaya，aya的意思是「起」，udaya是「生起」，sam則是「匯集其他因緣」。渴愛伴隨無明、貪著、業與其

他因素一起生起，這些因素匯集產生苦。因此，它稱為「集起」(samudaya)——「苦的集起」。

第三聖諦是dukkha nirodha。字首ni的意思是「不」或「沒有」，而rodha則是「囚牢」。沒有苦或輪迴的囚牢，處於涅槃(nibbāna)中，因為它不再轉世。涅槃稱為dukkha nirodha，因為它是痛苦止息的狀態。

第四聖諦的名字較長，dukkha nirodha gāminī paṭipadā，paṭipadā意思是「道」、「行」或「行道」，gāminī是「導致」，dukkha nirodha是「苦滅」。事實上，諸法哪裡也不會去，它就在它生起的地方消失。但這個聖諦在生起時，是以涅槃或苦滅為修行對象。因此，它是導致苦滅之道。

關於這四聖諦，佛陀於此經說：

> 諸比丘！比丘如實了知：「此是苦。」如實了知：「此
> 是苦之集。」如實了知：「此是苦之滅。」如實了知：
> 「此是導致苦滅之道。」

這一段描述禪修者如何證悟四聖諦。你如實了知，這是生，而生是苦，諸如此類。「如實」意指它是什麼就是什麼。你如實了知渴愛是苦的集起，涅槃是苦的止息，以及八正道是導致苦滅之道。

苦聖諦

佛陀進一步解釋第一聖諦：

復次，諸比丘！何謂苦諦？生是苦，老是苦，死是苦，
愁、悲、苦、憂、惱是苦，怨憎會是苦，愛別離是苦，
求不得是苦。簡而言之，五取蘊是苦。

什麼是苦？

這個解釋也出現在佛陀初次說法的《初轉法輪經》
（*Dhammacakkappavattana*）中。

「生」是苦，因為它是你一生當中，會經驗到後續苦的基礎
或根柢。沒有人想要變老，但每個人隨時都在老化。每個小
時、每一分鐘、每一秒，眾生與事物都變得愈來愈老；你無時
無刻不在變老，擺脫不了這個老化的過程。你也許可以改善老
化的一些層面，皺紋也許可藉由整型手術移除，但你無法停止
老化的過程。即使於手術台上，正在進行除皺的整型手術，人
們分分秒秒也在變老。雖然手術過後看起來可能比較年輕，但
他們不是真的變年輕，他們無法扭轉老化的過程。你不想變
老，但你分分秒秒一直在變老，這是不快樂的因。因此，「老」
也是苦的基礎或根柢，所以也稱為「苦」。

「死」是苦並不難理解，沒有人想死。「愁」、「悲」、
「苦」、「憂」、「惱」是苦，你會在生活中經歷它們，有時是
愁，有時是悲。「悲」是指「大聲哭泣」。「苦」在此是指身體
的痛苦。「憂」是內心的痛苦與絕望，內心的痛苦是domanassa
——「憂」，而絕望是dosa——「瞋」。

「怨憎會」是苦。當你不想看而又必須看時，那是苦；當你不想聽而又必須聽時，那是苦，諸如此類。當你必須和不喜歡的人一起生活時，那是苦；當你必須和喜歡的人、事、物分開，無論是死亡或短暫分離，都是苦。

「求不得」也是苦，它是指得不到無法獲得的事物。你幾乎一直都想要你沒有的東西，因此內心經常存在挫折與痛苦。不要變老是無法獲得的事，而得不到無法獲得的事是苦。我們經常發現，即使得到想要的東西也是苦。

簡而言之，「五取蘊」是苦。「五取蘊」是指世間一切事物，可以成為執著、渴愛與邪見對象的生物與無生物，一切的有情與事物。因此，「五取蘊」全都是苦。

「生」與「老」為何是苦並不難理解，但最後一句關於「五取蘊」是苦就有點令人費解，因為我們已從dukkha的通俗意義進到它的哲學意義。dukkha的通俗意義是「痛楚」或「痛苦」，這不難了解，但當你可以宣稱自己了解它的哲學意義時，則便可說已充分了解第一聖諦。

三種苦

為了充分了解苦，我們必須知道三種苦。第一種是世間通俗意義下的苦——「苦苦」(dukkha dukkha)，它是身體的苦受與心理的苦受。你被針刺到手指，感到痛楚，這是苦苦，一種實際的痛楚。當你悲傷、遺憾或沮喪時，內心會有苦受或不愉快的感受，那也是「苦苦」。

第二種苦是「壞苦」(viparināma dukkha)。這種苦是指身體或心理的樂受，即使是樂受也稱為苦，因為當它們改變或消失時，會造成遺憾與痛苦。因此，根據這個解釋，無論它們是身體或心理的樂受，也都是苦。

第三種苦是「行苦」(saṇkhāra dukkha)，因為有行，所以痛苦。「行」是指有為法，世上一切事物皆是有為法，因此行苦構成世上一切事物。在此它包括平靜的感受與三界的其他餘行。在你的生命中，你無時無刻不感受到這種苦。

為何「五取蘊」稱為苦呢？「苦」的一個判定標準是，凡是無常的事物也將是苦。根據這個定義，苦、樂與不苦不樂受以及其他一切事物皆是無常，由於諸行無常，因此諸行是苦。

無常的定義是什麼呢？任何有開始與結束的事物皆是無常，當某事有個開始時，它就一定有個結束。有生就一定有滅，當某事生或滅，存在或消失時，它便是無常。經上說事物受到剎那生滅的逼迫，當某事受到逼迫時，它便是苦。任何有開始與結束的事物皆是無常，任何無常的事物皆是苦。

dukkha這個字通常譯成「苦」，但這翻譯太受限制，它是此字的通俗定義。dukkha這個字包括一切有開始與結束的事物——一切無常的事物。即使也許你正在享受某事，例如美食、影片或感官欲樂，你其實是在受苦，因為享受無法持久，它有開始與結束。它在生起後立即消失，因此是無常的，因為無常，所以它是苦。

有些作者寧可不譯此字，而直接使用巴利語，因為英文中沒有任何字足以涵蓋巴利語dukkha的意義。

苦聖諦反映諸法實相

佛陀藉由宣說第一聖諦，揭示世間實相與生命事實是苦。許多人不喜歡佛教，因為認為佛教總是想著苦，而以為它教導悲觀主義。事實上，它並非悲觀地說一切事物是苦，因為一切事物真的是苦。當醫師在徹底檢查之後告訴病人他有病時，我們無法指責他悲觀。這不是悲觀主義，它是務實與必要的，如此才可能規劃疾病的療程。

如果佛陀只指出苦，我們也許可說他教導悲觀主義，但他發現這個苦因，並藉由宣說苦滅而為我們帶來希望，就如醫師告訴病人疾病可以治癒一樣。佛陀不只發現有苦滅，他還指出可以到達苦滅的道路，有個方法、道路或修行，藉由它可斷除痛苦。因此，佛陀關於苦聖諦的說法並不悲觀，因為它反映的是諸法實相。佛陀指出，在苦滅中有安穩與智慧。

經上所說，「簡而言之，五取蘊是苦」，必須從這個角度去了解。五取蘊是有為法，因此它們是行。就其本身而論，它們有開始與結束，因此是無常的。由於它們是無常的，所以是苦。

佛陀為這些術語下了定義，用以解釋苦聖諦。

> 復次，何謂生？於此道或彼道所屬眾生之生。諸眾生之取生、受生、形成、出生、諸蘊之顯現、諸處之獲得。諸比丘！此名為生。

「於此道或彼道所屬眾生之生」意指人道或天道等眾生的

生。「諸蘊之顯現」意指於轉生剎那，諸蘊之生起。「諸處之獲得」意指於彼剎那，諸處之生起。

　　復次，諸比丘！何謂老？於此道或彼道所屬眾生之老。諸眾生之衰老、齒落、髮白、皮皺、壽命日減、諸根衰退。諸比丘！此名為老。

　　《義疏》（*Aṭṭhasālinī*）中說，「老」是無法看見的。你所看見的是「老」的結果，如齒落、髮白等。從這些結果，例如齒落，你推論原因，即是「老」。因此「老」在此是藉由認出其結果，而加以描述。②

　　復次，諸比丘！何謂死？於此道或彼道所屬眾生之分離與消逝。諸眾生之破壞、消失、死、歿、壽命終了、諸蘊離析、身體棄捨、命根毀壞。諸比丘！此名為死。

　　當佛陀描述與解釋「死」時，他使用許多例子。他用了許多同義字，好讓不了解第一個解釋的聽者，能了解第二或第三個。這是佛陀解釋這些字的方法，尤其在阿毘達磨裡的字辭，針對一個字或同一件事，會用許多同義語來解釋。

　　復次，諸比丘！何謂愁？因失落此或彼而受苦，因受此或彼的苦事逼迫，而有憂愁、哀戚、內在哀傷、內在悲痛。諸比丘！此名為愁。

　　愁是一種苦受，出現在兩種伴隨著瞋心所的心中。

復次，諸比丘！何謂悲？因失落此或彼而受苦，因受此或彼的苦事逼迫，而有痛哭、悲泣、嘆息、哀號、悲歎。諸比丘！此名爲悲。

首先，你感到憂愁，然後可能放聲表現這憂愁。你大聲哭泣，便稱為「悲」，它是內心引發的混亂聲響。

復次，諸比丘！何謂苦？身體的痛苦與不愉快的感受，由身觸所生的痛苦與不愉快的感受。諸比丘！此名爲苦。

「苦」是關於身體的苦受。當你以某種東西打擊自己時，便會感受到這種痛苦。它是身的苦苦，並連帶使心受苦。

復次，諸比丘！何謂憂？心的痛苦與不愉快的感受，由意觸所生的痛苦與不愉快的感受。諸比丘！此名爲憂。

那是種心的苦受，伴隨瞋心所而來❶。當你觀察憂時，將發現這種感受和隨瞋生起之心多麼相像。

復次，諸比丘！何謂惱？因失落此或彼而受苦，因受此或彼的苦事逼迫，而有憂惱、苦惱，以及由憂惱、苦惱所生的痛苦。諸比丘！此名爲惱。

「瞋」是兩種心的附隨物，這兩種心伴隨著苦受而生起❷。「愁」、「悲」與「惱」三者的差別在《清淨道論》中提及如下：

「愁」是如以弱火而燒釜中的東西。「悲」是如以烈火而燒的東西滿出鑊的外面來。「惱」則猶如不能外出留在釜內而被燒乾了的東西相似。③

復次，諸比丘！何謂怨憎會苦？一切不如意、厭惡與不愉悅的色塵、聲塵、香塵、味塵、觸塵、法塵，或遇一切心懷惡意、傷害、擾亂與不離縛者，與如是等聚會、同行、親善與交往，諸比丘！此名為怨憎會苦。

復次，諸比丘！何謂愛別離苦？一切可意、喜愛與愉悅的色塵、聲塵、香塵、味塵、觸塵、法塵，或遇一切希求幸福、利益、安樂與離縛者，亦即父母、兄弟、姊妹、朋友、同事、親戚、血親，卻不能與之聚會、同行、親善與交往，諸比丘！此名為愛別離苦。

復次，諸比丘！何謂求不得苦？受制於生的眾生，生起如是欲求：「願我等不受制於生，願我等不再受生。」但這其實無法藉由欲求獲得。諸比丘！此名為求不得苦。

受制於老時，……
受制於病時，……
受制於死時，……
受制於愁、悲、苦、憂、惱時，生起如是欲求：「願我等不受制於愁、悲、苦、憂、惱，願我等不再愁、悲、苦、憂、惱。」但這其實無法藉由欲求獲得。諸比丘！此亦名為求不得苦。

「求不得」意思是指得不到無法獲得的事物，每次你欲求不受制於生、老、病等，希望獲得一些不可得的事物，因此而造成苦。

> 復次，諸比丘！何謂「簡而言之，五取蘊是苦」？即色取蘊、受取蘊、想取蘊、行取蘊與識取蘊。諸比丘！此即「簡而言之，五取蘊是苦」。

此經詳細解釋苦聖諦，最後一個解釋最重要，因為它包含世間一切事物，幫助你了解哲學層次上的第一聖諦。

在註釋「求不得」也是苦時，註釋者說欲求你無法獲得或不可得的事物，是苦。於經典本身，它被解釋為欲求色、受、想等，是第二聖諦的對象，即貪欲或渴愛，因此貪欲可以是另一個貪欲的對象。馬哈希法師教導我們，過去世所累積的貪欲或渴愛，與來世諸蘊起源的貪欲或渴愛，是第二聖諦。它是對不可得事物的欲求，屬於來世諸蘊的欲求。

苦集聖諦

佛陀如是解釋第二聖諦：

> 復次，諸比丘！何謂苦集聖諦？即渴愛導致再生，且和喜與貪俱行，到處追求愛樂，即：欲愛、有愛、無有愛。

渴愛是苦之因

這個解釋也出現在《初轉法輪經》中。佛教在方法上是獨一無二的，它指出渴愛是苦之因與生之因。它不接受造物主為苦之因，事實上，甚至不接受造物主的存在。這個說法初次宣說時，深深震撼世人。

渴愛是一種趨使力，如果你完全沒有渴愛，根本就不會轉世。例如，當你想去華盛頓特區(Washington D.C.)時，便會開始行動並抵達那裡，因為你有這個欲望。當你不想去那裡時，就不會行動，也不會到達那裡。同樣地，當你渴愛存有時，這渴愛便會造成再生，所以說渴愛會造成新的轉世。即使行善，如果動機是渴望更好的轉世，仍會使你繼續處於轉生之中。

渴愛是「喜與貪俱行」，「俱行」(sahagata)在此的意思是「與其一致」。因此事實上，渴愛不是別的，就是喜與貪。

它「到處追求愛樂」，意即眾生無論轉生何處，它都追求愛樂。眾生無論生在任何存有，他的第一念必定是渴愛存有——貪著生命。眾生從貪愛展開自己的生命，當轉生人間時，他們執著自己的人生；當轉生天界時，則執著自己天界的生命。

三種渴愛

有三種渴愛——欲愛、有愛、無有愛。

「欲愛」意指渴愛欲境，貪求欲樂。想要看見可愛的事物，想要聽見好聽的聲音等，就是欲貪。貪求外境是欲愛。

根據註釋書,「有愛」有四種。第一種是對欲界的渴愛,即那些生在欲界者,貪著他們所生的存有,且希望轉生到善人與低層的天界。第二種是和常見一起生起的渴愛,常見是視眾生與世間為永恆與常存的見解。有一種信仰,相信在眾生裡面有個實體從一世延續到另一世,自我淨化直到它與大我或本我合一為止。因此,伴隨這種信仰的渴愛便稱為「有愛」,「有」在此是指永恆的存有。第三種是對於兩種梵有——色梵與無色梵——的渴愛或貪著。第四種是對「禪那」的貪著。當禪修者達到禪那階段的時候,他們變得貪著這些禪那。這些即是四種「有愛」。

　　「無有愛」和斷見一起生起。有些人相信只有此生,此生結束之後便沒有任何東西生起。沒有轉世,因此眾生在死亡時被徹底斷滅,這種信仰稱為「斷見」。和這種見解並行的渴愛,便稱為「無有愛」。

　　無論何種渴愛,它都會造成新的轉世。它就只是喜與貪,並在此世或他世尋找樂事。這個渴愛是苦集起的因。還有其他苦因,例如無明,但這被指為苦因,因為它是苦的特殊原因,它在其他因素的支持下造成痛苦。

渴愛的生起與住著

　　佛陀詳細告訴我們這個渴愛的基礎:

　　復次,諸比丘!此渴愛生起時於何處生起,住著時於何

> 處住著？凡於世間有可喜與可意者，渴愛生起時即於此
> 處生起，住著時即於此處住著。

在此，「生起」意指初次生起，「住著」意指重複生起。
或根據註疏書所說，「生起」也指生起或出現於心，而「住著」
則指潛伏於心。

煩惱有三個階段：潛伏、生起與發作。此刻，我們沒有
瞋，不會對任何人生氣，雖然它現在並未出現，但瞋仍潛藏在
我們心中，這是潛伏階段。受當到某種挑釁時，我們可能變得
氣憤。當某個原因使我們生氣時，瞋便在心中生起，它浮上表
面。先前，心中並沒有瞋，但現在當我們生氣時，心中便有
瞋，這是生起階段。下一階段是發作，我們將根據瞋而表現，
可能和別人吵架，或打人，甚至殺人，這是瞋最嚴重的階段在
此，「住著」是指第一或潛伏階段，而「生起」是指第二或出
現階段。對於可喜或可意的事物，渴愛就會生起並一再重複，
或潛伏在這些事物中，然後視情況生起或出現。

> 復次，諸比丘！於世間中，何者是可喜與可意者？
> 於世間中，眼根是可喜與可意者，渴愛生起時於此處生
> 起，住著時於此處住著。
> 於世間中，耳根……
> 於世間中，鼻根……
> 於世間中，舌根……
> 於世間中，意根是可喜與可意者，渴愛生起時於此處生
> 起，住著時於此處住著。④

耳、鼻、舌、身與意根可能是可意者，你也許會執著它們，因此針對它們的渴愛便在心中生起與住著。

　　色、聲、香、味、觸與法塵可能是可意者。當你執著它們時，針對它們的渴愛便在心中生起與住著。

　　「眼識」指依眼之識，換句話說，即能見的識。其餘各識也應如此了解。

　　「眼觸」指色塵和眼根、眼識一起生起時的心理接觸，是心所之一。

　　受依於觸，並和觸一起生起。

　　和眼識、眼觸等一起，想也生起。「想」(saññā)是做記號以做為認知「這也一樣」的條件，就像木匠對木材所做的一樣。當你看見一個對象，注意「這是男人，這是女人」，或「這很美」時，「想」便在你心中生起。

　　「思」是意志。它也是心所，完成自身與其他的功能。

　　色愛是另一個渴愛的結果。色愛與受愛等是第一聖諦，從那個渴愛所生的渴愛是第二聖諦。當你開始了解對色法有渴愛時，便是了知第一聖諦；當你開始了解這些渴愛造成其他渴愛時，則是了知第二聖諦。

　　「尋」在阿毘達磨中是vitakka——初步運作，它是一種心所。「伺」在阿毘達磨中是vicāra——後續運作，它也是心所。「尋」與「伺」之間的差別在《清淨道論》中解釋如下：

　　以粗義與先行義，猶如擊鐘，最初置心於境為尋。
　　以細義與數數思維性，猶如鐘的餘韻，令心繼續為

伺。⑤

上述所注意的因素都是可喜的，是渴愛的對象。渴愛依於它們生起與住著。

苦滅聖諦

第三聖諦——苦滅聖諦，通常理解為「涅槃」。佛陀描述這個聖諦如下：

此即無餘離貪，由滅盡、捨離、棄除、解脫與不執著此一渴愛。

道心斷除煩惱

苦滅聖諦意指藉由滅除第二聖諦中描述的渴愛，所達到的無餘離貪。「無餘離貪，由滅盡」是巴利語asesa-virāga-nirodha（無餘—離貪—滅）的翻譯。這句巴利語可做成不同的翻譯，例如「無餘離貪與無餘滅盡」此一渴愛。根據這個翻譯，第三聖諦——苦滅聖諦——涅槃是渴愛的離貪或滅盡。它就如工具，藉由它，滅盡或捨離渴愛。當禪修者了悟實相或證果時，他們生起「道心」，這個心以涅槃或苦滅為對象，並具有斷除渴愛或煩惱的作用。

道心以何種方式斷除或滅盡煩惱呢？它斷除過去的煩惱嗎？若是如此，則它是無效的，它什麼也沒斷，因為在道心剎

那，煩惱並不存在。它斷除未來的煩惱嗎？若是如此，則它也是無效的，因為在道心剎那，這些煩惱尚不存在。那麼，它斷除現在的煩惱嗎？若是如此，則道心與煩惱就變成並存了。根據阿毘達磨的說法，善法與惡法無法在同一剎那一起生起，因此道心與煩惱無法同時生起。它還會導致另一種結論，即煩惱脫離意識或無意識生起，而這並不可能，現存煩惱無法脫離意識。因此，也不能說道心斷除現在的煩惱，依此推理，道心似乎真的什麼也沒斷。

那麼，究竟道心斷除什麼呢？用註釋者的話來說，道心斷除的是煩惱「生長所依的土壤」。在此「土壤」意指三有（欲有、色有、無色有）中的五蘊，它們是觀的對象。「所依的土壤」，意指煩惱有了這五蘊才可能生起。道心所斷除的煩惱，不屬於過去、未來或現在，它斷除的是煩惱的潛伏狀態或煩惱生起的潛能。你有煩惱，但它們並非一直出現在你心中，當因緣成熟時才會出現，雖然它們此刻並未出現，但由於有這樣的可能性，因此你被說成是具有這些煩惱。你可能具有這些煩惱，被斷除的就是煩惱生起的這個可能性。

有個芒果樹的比喻適用於斷除煩惱。若不希望這棵樹結果，你並非藉由摧毀過去、現在與未來的果實，而是藉由施用化學藥品破壞它未來結果實的能力。同樣地，斷除的不是過去、現在或未來的煩惱，而是它們未來生起的能力。在道心剎那，煩惱生起的潛力被破壞，道心以苦滅或涅槃為它的對象。⑥

什麼是涅槃？

第三聖諦或涅槃很難描述，因為它不屬於這個世間。因為我們習慣這個世間，總是從世俗觀點去看事情。我們很難了解涅槃，因為它和我們過去所認識或經歷的事差別很大。

有一次，一隻烏龜走上陸地，然後回到海裡。牠在那裡遇見一條魚，烏龜告訴魚牠曾走上陸地，於是魚說：「哦！你一定一直游泳。」烏龜說：「不，我在陸上走路。」魚無法理解有陸地這種東西，因為牠從未經歷過，牠認為陸地一定是另一種可以游泳的液體。

同樣地，涅槃和過去你在這個世間所經歷的事不同，它很難被了解和描述。由於涅槃和世間的情況相反，它通常是以反面的術語來描述，例如苦滅、非有、無相、不生、不老與不死等。會以反面的術語來描述，是因為它無法以正面術語充分描述。假設要求你描述健康是什麼，你會如何描述它呢？你可能會說它是沒有疾病，一種沒有病痛或疾病的狀態。

然而，雖然涅槃大部分是以反面術語加以描述，但這並非說涅槃是反面的。它既非反面也非正面，因為它不存在於世俗世間，只有存在的事才可能是反面或正面。它不是一種狀態、心態或一種態度，你就是無法描述它。涅槃就只是指煩惱斷與苦滅。

許多人問涅槃中是否有樂，這個問題也不恰當。它預設了涅槃是某種處所、存在或者心理狀態。由於涅槃不是一種處所或心理狀態，因此你無法說涅槃中有苦或有樂，它是無苦與無

煩惱。

　　此外，涅槃並非導致它的道的結果。只有覺悟或達到它才是道的結果——觀禪的結果。如果它是某件事的結果，它就會有開始與結束，如果它有開始與結束，就無法保持恆常，也不可能是真正的快樂。涅槃不是道的結果，就如城市不是馬路的結果一樣。但就如抵達城市是走路的結果一樣，覺悟或達到涅槃是修習觀禪的結果。涅槃不能被說成是任何事的結果。

　　涅槃也不可能被說成是有任何形狀、顏色、大小或年齡。我們回想前面提到彌蘭陀王的問題與那先比丘的回答。這是法師的說法：「無可比擬，大王！不可能藉由譬喻、論證、原因或方法指出涅槃的形狀、形態、年齡或大小。」⑦

　　你無法說涅槃是亮的、圓的、方的、大的、小的，或有任何屬性，它無法以這些術語來描述。在《長部》第十一經與《中部》第四十九經中，涅槃被說為sabbatopabha，一個註釋者將它解釋為「於一切相明」（luminous in all respects）。然而，它不應依字面上的意義去理解，說它是「明」，那是因為它不被任何煩惱染污。馬哈希法師對此的解釋如下：

　　　色法可能被灰塵污染；心法如心與心所可能和貪、
　　　瞋、痴等有關，因此它們可能受到污染；即使善心，
　　　當它們隨貪、瞋、痴而轉時，也可能受污染。然而，
　　　涅槃接觸不到任何污染，因此它異常清淨，這正是註
　　　釋者解釋「它（涅槃）是於一切相明」的意思。有些
　　　人根據這個註釋，說涅槃是一種非常明亮的光，但光

是物質（而在涅槃中沒有物質，涅槃本身也不是物質），因此他們的說法違背佛陀的教法。只有「非有」或「滅」是於一切相明，因為它完全解脫有為法的染污，是最適合者。⑧

佛陀在《長部》第十一經中描述涅槃如下：

涅槃，被（以聖道的智慧）了知，無法被（以肉眼）看見，它沒有（生、滅與其他既存的）限制，它是於一切相明。這裡，沒有水界，沒有地界，沒有火界，也沒有風界立足處。這裡，沒有長，沒有短，沒有小，沒有大，沒有美，也沒有醜立足處。這裡，心與色完全消失。隨著意識（佛陀與阿羅漢的業識與死識）止息，這一切（心與色）也隨之終止。

你不應因此誤以為涅槃只能以反面術語來描述，它也有正面術語的描述，如「實相、彼岸、難見、常、吉祥、安穩、絕待、圓滿、清淨、洲、皈依、極樂與其他」。⑨

你應了解，雖然無法充分描述涅槃，雖然它在生、住、滅等存在三相的意義上並不存在，但它是真實的。它是由愛滅、惑滅與苦滅構成。

在描述第三聖諦時，佛陀說：「彼即此一渴愛的無餘滅盡。」他描述苦的滅盡就如同渴愛的滅盡，苦滅隨愛滅而來。

註釋者說佛陀的表現像頭獅子。他們說獅子把力量對準向牠們射箭的人而非箭。同樣地，佛陀處理因而非果，當教導苦

滅時，他處理因。當因（渴愛）滅時，果（苦）也隨之除滅。因此，為了滅苦，你應嘗試斷除渴愛。⑩

就安穩性而言，涅槃雖然只有一個，但它還可區分為二。第一是「有餘依涅槃」（sa-upādisesa nibbāna），第二是「無餘依涅槃」（aupādisesa nibbāna）。在阿羅漢心中，一切煩惱皆已斷除，雖然他已無任何煩惱，但仍有身與心，那是過去的業果。因此對於還活著的阿羅漢，他們所證得的涅槃便稱為「有餘依涅槃」；當阿羅漢死時，殘餘的業之苦果便不復存在，去世阿羅漢的苦滅便稱為「無餘依涅槃」。

第一種稱為「煩惱滅度」（kilesa parinibbāna），第二種稱為「蘊滅度」（khandha parinibbāna）。第一種是在世阿羅漢所經歷，第二種則出現在他們去世之時。

佛陀解釋，何時捨斷渴愛，以及何時滅盡渴愛。他在此使用和在第二聖諦所說類似的話。

> 復次，諸比丘！此渴愛捨斷時於何處捨斷，滅盡時於何處滅盡？凡於世間有可喜與可意者，渴愛捨斷時即於此處捨斷，滅盡時即於此處滅盡。

渴愛針對世間一切可喜的事物生起，當捨斷與滅盡時，也是針對同一可喜的事物。經上說，捨斷與滅盡對可喜事物的渴愛。在此提到的可喜事物，即是第二聖諦中所提到的那些事物——眼、耳、鼻等。

八支聖道

下一個聖諦是導致苦滅之道聖諦，這是著名的八支聖道或佛陀的中道。

> 復次，諸比丘！何謂導致苦滅之道聖諦？此即八支聖道：正見、正思維、正語、正業、正命、正精進、正念、正定。

八正道導致苦滅

上述的八支總稱為「八支聖道」──導致苦滅之道。第四聖諦是八支聖道。

> 復次，諸比丘！何謂正見？諸比丘！如實知苦，知苦之集，知苦之滅，知導致苦滅之道。諸比丘！此等名為正見。

「正見」在此意思是指透過修行，如實了知四聖諦。還有別種正見，它們是了解眾生有業與果，如實了知一切有為法的三種特性。

> 復次，諸比丘！何謂正思維？出離之思維、無瞋之思維、無害之思維。諸比丘！此等名為正思維。

「出離之思維」意指思維出家，成為比丘或沙門，禪修以達

到禪那、道與果。「無瞋之思維」意指慈心之思維，當修習慈心時，這種正思維將主宰你的內心。「無害之思維」意指悲心，當你修習悲心時，「願眾生都能遠離不幸」，諸如此類。正思維將主宰你的內心。

在《清淨道論》中，「正思維」的意思是「把心導向涅槃」。根據阿毗達磨，「正思維」是「尋」心所——心的初步運作。尋的特性是把心導向目標，在它的幫助下，心被導向目標，好讓正見生起。因此，雖然它譯為「正思維」，但它不是思考，而是在禪修中把心導向目標。

下一支是正語。正語的意思是：

遠離妄語、遠離兩舌、遠離惡口、遠離綺語。

「妄語」意指說謊；「兩舌」意指挑撥離間；「惡口」意指言語粗暴；「綺語」是指說沒有意義或無聊的話。遠離這四種不善的說話方式，即名為「正語」。當你遠離這四種錯誤的方式說話時，此支便出現在你心中。

正業是：

遠離殺生、遠離偷盜、遠離邪淫。

因此，「正業」意指遠離身體錯誤的行為。
下一支是「正命」，經中敘述如下：

諸比丘！何謂正命？諸比丘！聖弟子捨邪命，依正命而生活。諸比丘！此名為正命。

有五種交易佛陀稱之為「邪命」。它們是買賣武器、人口、肉、酒與毒藥。⑪做清白的買賣，避免這五種交易而過活，名為「正命」。自稱為佛弟子者，應避免從事上述的交易。

　　在阿毘達磨中，正語、正業與正命三支，稱為「離」(virati)。正命意指在職業上，遠離四種錯誤的說話方法，以及三種錯誤的身體行為。

　　有三種離——「自然離」、「持戒離」與「正斷離」。有時人並未遵守任何特別戒律，但當實際遭遇可能犯錯的情況時，他們避免作惡，並反省自己的生、老、經驗等，心想：「我不可以做這樣的事。」這種離便稱為「自然離」。

　　有時他們持戒，之後遭遇可能犯錯的情況時，因為已持戒而避免作惡，這種離便稱為「持戒離」。而在他們進入聖道時，透過根除煩惱所完成的「離」，即稱為「正斷離」。

　　接下來出自《義疏》的故事，闡述前兩種離：

錫蘭有個在家信徒札迦納(Cakkana)。年輕時，他的母親受一種疾病所苦，醫師建議她食用新鮮的兔肉。於是他的兄長說：「親愛的，去田裡找找看吧！」札迦納出去，那時剛好有一隻兔子來吃鮮嫩作物。一看見札迦納，牠拔腿就跑，但被困在藤蔓中，嚇得吱吱尖叫。札迦納循聲前往，逮到兔子，心想：「我將以此為母親做藥。」但他轉念又想：「我不應為了母親的生命，而殺害另一條生命。」於是他放了兔子，說：「去吧！和其他兔子一起去森林享用青草與水。」當他

的兄長問起：「親愛的，你有逮到兔子嗎？」他據實以告並受到責罵，但札迦納去找他的母親，以真實語說道：「從我出生以來，我不記得曾殺害過任何生命。」當下，他的母親立即康復。❸

第二個故事是一位住在鬱多羅瓦達瑪那(Uttaravaddhamana)山的在家弟子的故事。

這位弟子從住在安巴利亞(Ambariya)寺的檳加拉護佛(Pingalabuddharakhhita)長老前受戒後，回去耕田時，他的牛走失了。為了找牛，他爬上鬱多羅瓦達瑪那山，被一隻大蛇纏上，他心想：「我將用利斧砍下牠的頭。」但轉念又想：「我已從老師那裡受戒，不應破戒。」如是三度思維後，他心想：「我將犧牲自己的生命，絕不能捨棄此戒。」於是他把利斧從肩膀取下拋入森林。此時，這隻巨蟒立即鬆脫並離開。⑫

下一支是「正精進」。它是指努力令未生惡不生；已生惡斷除；未生善生起；已生善增長。因此，關於善法有兩種精進。

你如何精進斷除已生的惡法呢？事實上，它們曾生起並已消失。那麼，「令已生惡斷除」是什麼意思呢？它是指過去曾有的惡法。當你記得這些法時，將產生新的惡法，因為當你記得它們時，你是以悔恨記得。因此，記得過去惡法，不只讓你痛苦，還會讓惡法增長。所以，最明智的方式是下定決心在未來不要有它們，並忘記過去曾有它們。這是佛陀所說的意思：

這時，聚落主信賴彼師弟子，他如是思維：「世尊以各種方式，譴責與嚴斥殺生，他甚且說：『你不應殺生。』但有眾生，此等或彼等，被我殺害。那不恰當，那不好。然而，我若為此而懊悔，那惡行並不會因此而消失。」如是思維後，他放棄殺生，並於未來永不再犯。他就此超越此惡行。⑬

然而，斷除過去惡法或業的最好方式，是修習觀禪並成為阿羅漢。佛陀曾針對由強盜殺人犯變成阿羅漢的鴦掘魔羅尊者，說：「人前為惡，以善滅之，是照世間，如月雲消。」⑭

下一支是「正念」。根據經上所說，它是由四念處——身念處、受念處、心念處與法念處所構成。

下一支是「正定」。佛陀於宣說正定時，列舉四種禪為例。事實上，四種禪屬於修習止禪，但它們也可成為修習觀禪的基礎。對於那些選擇以「止」為覺悟工具，或換言之，先達到禪那再轉而修習觀禪者而言，禪那可被當作觀禪的對象，而成為「觀」的基礎。但在此你應了解，它也有「剎那定」的意思，因為少了它，就沒有觀，也沒有覺悟。禪修者只要可以把心保持在禪修對象上一段時間，也許十到十五分鐘，或半個小時或更久，這個定就已達成。在那段時間可能有少許分心，但即使有分心，你也能立即解決它。在此經與其他許多經典中，都說正定是由四種禪所組成。

> 諸比丘！比丘遠離欲樂，遠離惡法，有尋有伺，由離生喜樂，具足初禪而住。

想知道更多禪那細節者，可以參閱《清淨道論》第四章。

　　一般而言，關於禪那必須知道的重點是，欲樂與禪那是不相容的，它是禪那的障礙。當你想要得到禪那時，必須遠離欲樂並修習止禪。欲樂被稱為定的死對頭，它們也是修習觀禪的障礙，你不能將觀禪與欲樂混在一起。當你修習觀禪時，你的修行必須清淨，它不應混雜任何和欲樂有關的事。

　　如你所見，第四聖諦——導致苦滅聖諦，共有八支。當你修習觀禪時，你便是在遵循此道。

八正道各支的運作

　　這八支中有五支是「作支」（kāraka maggaṅga，或譯為「所作道支」）：第一、第二、第六、第七與第八，如此稱呼它們，是因為當禪修者在修行時，它們積極地運作。沒有正思維——尋，禪修者無法把心導向目標。沒有正精進——尋，禪修者無法把心導向目標。沒有正念，心無法擊中目標或進入目標。沒有正定，心無法停留在目標上。沒有正見，心無法洞見事物的真實本質，無法如實看見事物。正思維把心導向目標，正精進支持正思維與其他心所，正念幫助心擊中目標或進入它，正定則把心保持在目標上一段時間。然後，正見幫助心如實看見事物。當禪修者進行順利時，這五支是積極與平衡地運作。因此稱之為「作支」。

　　其餘三支是什麼呢？它們是當你在修行時所實際完成的。你在禪修之前持戒，也就是在戒除某些行為。這三種「離」在

禪修時可能不會出現，因為它們只有在你遇見情況，且不違犯時才會出現，它們已經完成。因此，這八支可說在你禪修時全都在運作。

這八支構成戒、定、慧的佛道。前兩支——正見與正思維，屬於慧學。次三支——正語、正業與正命，屬於戒學，而最後三支——正精進、正念與正定，屬於定學。當正思維不將心導向目標時，正見不可能如實看見事物。因此，正思維納入慧學中。所以，你在八支聖道中有這戒、定、慧的成佛之道。佛陀的追隨者們都應遵循這條道路。

四聖諦和四種功能有關。在洞見實相的剎那，道心據說會同時執行四種功能。關於第一聖諦——苦聖諦，它是完全了知；第二聖諦的功能是斷除苦因；第三聖諦的功能是覺悟涅槃；第四聖諦的功能是增長與修習八正道。道心在同一剎那執行這四種功能，猶如一盞燈同時執行四種功能——燃燒燈芯，驅除黑暗，顯現光明，消耗燃油。道心也以完全了知對應苦，以斷除對應苦因，以增長對應道，以覺悟對應苦滅。

禪修者了解自己的實相、他人的實相，以及自己與他人的實相。這就是經典所說，於內、於外與於內、外隨觀諸法。

馬哈希法師解釋，禪修者確信第三與第四聖諦的好處後，希望能了解它們，於是清楚覺知第一與第二聖諦，如此他們便是在「於內隨觀諸法」。在清楚看見自身內在諸法後，他們抉擇並了知外在諸法也具有相同的本質。如此抉擇與了知即是「於外隨觀諸法」。此外，當禪修者觀察他人如何理解色、聲、香等時，這也是「於外隨觀諸法」。雖然經上建議你觀察四諦，但其

實你只觀察第一與第二諦，第三與第四諦是無法被觀察的，因為它們不是觀的對象，且無法被世間凡夫(puthujjana)看見或達到。註釋書與註疏書都解釋，只藉由聽聞這兩諦很殊勝，並希望了知與達到它們，便已完成觀察聖諦的功能。

在此的生法與滅法，應理解為於四聖諦中所教導的苦的生與滅。

禪修者如是理解四聖諦，將不會以渴愛與邪見貪戀任何事物，也不會執著五蘊世間中的任何事物。

禪修者如是安住於法，隨觀諸法。

【原註】

① The Questions of King Milinda（《彌蘭陀王問經》）, ii, pp. 151ff.

② The Expositor（《義疏》）, p. 428.

③ The Path of Purification (Visuddhimagga), 1976, Ch. XVI, p. 574.（譯按：中譯文請參見葉均譯，《清淨道論》，正覺學會印行，2000年，頁519。）

④ 關於苦因的其餘段落，請參閱此書第二部分的翻譯。

⑤ 同註③，Ch. IV, p. 148.（譯按：中譯文請參見《清淨道論》，頁143。）

⑥ The Path of Purification (Visuddhimagga), 1976, Ch. XII, para 78-91.（譯按：中譯文請參見《清淨道論》，頁522-524。）

⑦ The Questions of King Milinda（《彌蘭陀王問經》）, ii, p151.

⑧ On The Nature of Nibbana（《關於涅槃的本質》），緬甸文版，pp. 252-53。

⑨ Dhammapada（《法句經》），第204頌。

⑩ The Path of Purification (Visuddhimagga), 1976, Ch. XVI, p. 577.（譯按：中譯文請參見《清淨道論》，頁522。）

⑪ The Book of the Gradual Sayings（《增支部》英譯本），iii, p. 153.

⑫ The Expositor（《義疏》）, pp. 136-37.

⑬ Saṃyutta Nikāya（《相應部》）, iv, p. 321；另外請參見Kindred Sayings（《相應部》英譯本）;iv, pp. 225-26.（譯按：中譯文請參見《別譯雜阿含經》第

131經（《大正藏》卷二，頁424c。）

⑭ Dhammapada（《法句經》），第173頌，見《出曜經》卷十八（《大正藏》卷四，頁704a）；或參考《佛說鴦掘魔經》卷一：「假使犯眾惡，不斷眾善德，彼明焰於世，猶雲消日出。」（《大正藏》卷二，頁510a）

【譯註】

❶ 與瞋相應的心，必定與心的苦受（憂）俱行。瞋與憂雖然時常都相應俱行，但它們有相異的特質。憂是體驗不好的感受，屬於受蘊；瞋是心厭惡或煩躁的態度，屬於行蘊。

❷ 根據阿毘達磨的說法，這是八十九心中屬於不善心的兩種瞋根心，分別是憂俱瞋恚相應無行心、憂俱瞋恚相應有行心。

❸ 「真實」（諦）是十波羅蜜之一。若人生生世世勤修此波羅蜜，而不曾妄語，只要說句真實語後再發願，依此波羅蜜之力即有可能得償所願。

第 五 章
修習念處的成就保證

接著我們將探討「成就保證」，那是佛陀親口宣說的。但在我們研究這個保證之前，先回顧一下前述的內容。

二十一種方式教導四念處

在這部經典中，佛陀以二十一種方式教導四念處。四念處是身隨觀、受隨觀、心隨觀與法隨觀。

佛陀以十四種方式解說身隨觀：入出息念、身體姿勢、正念正知、觀身不淨、四界分別觀與墓園九觀。

受隨觀只以一種方式描述：隨觀心識，因為感受是心對境所體驗到的苦、樂或不苦不樂等心理狀態。

法隨觀以五種方式描述：隨觀五蓋、五取蘊、六內入處與外入處、七覺支與四聖諦。

在二十一種念處禪的方式中，入出息念、觀身不淨與墓園九觀可以導致禪那的成就，其餘禪修主題則只可能達到近行定。註釋者說，一位《長部》誦者摩訶濕婆(Mahāsiva)長老，認為墓園九觀的教導是為了認出身體過患。根據他的說法，只有兩種方式──入出息念與觀身不淨──可以在修習業處時達到禪那，其餘主題則只能達到近行定。這位註釋者的說法會讓人以為近行定可以等同於修觀者所經驗到的剎那定，但那並不相同。近行定一定先於禪定，而十或十九種禪修主題並非導致禪那，而是導致觀目標。

修習四念處的成就保證

敘述完這二十一種四念處的禪修方式之後，佛陀作了這項保證：

> 確然，諸比丘！凡修此四念處達七年者，可得二果之一：於現法證得究竟智；若有餘執，則得不還果。

這是保證：當你修習此四念處達七年時，你便可預期得二果之一——阿羅漢果或第三果。「究竟智」在此是指阿羅漢道智，禪修者成功地斷除一切煩惱並成為阿羅漢。當他們無法斷除一切煩惱，還剩下一些煩惱時，則會成為「不還者」(anāgāmi)。「不還者」已達到第三聖果，顧名思義，他們不會再轉生到欲界、人道或天道。雖然在此只提到兩個最高聖果，但別誤以為禪修者無法達到前二果。若無法達到前二果，則無法達到第三與第四果。事實上，修此禪法達七年的禪修者能達到全部四種果位，成為覺悟與證得涅槃的聖者。

> 遑論七年，諸比丘！凡修此四念處達六年……五年……四年……三年……兩年……一年者，可得二果之一：於現法證得究竟智；若有餘執，則得不還果。
>
> 遑論一年，諸比丘！凡修此四念處達七個月……六個月……五個月……四個月……三個月……二個月……一個月……半個月者，可得二果之一：於現法證得究竟智；若有餘執，則得不還果。

> 遑論半個月,諸比丘!凡修此四念處達七日者,可得二
> 果之一:於現法證得究竟智;若有餘執,則得不還果。

這是針對中等智慧者而說,對於智慧不是如此敏銳者,他會花較長的時間;而對於智慧敏捷者,他花的時間則較短,甚至無須七日便可證悟。在《中部》第八十五經,佛陀在回應菩提王子的提問時說,具有五種勤奮特質——信心、健康、誠實、精進與智慧的比丘,以及有佛陀當老師者,將可能在任何長度的時間,從七年乃至不到一日內,證得阿羅漢果。最後,佛陀說,有比丘可能在晚上聞法,早上便證得阿羅漢果,或於早上聞法,晚上便證得阿羅漢果。①

有許多人在很短的時間之內獲得覺悟,有時只是聽聞佛陀的教導,並在聞法之後,立即獲得覺悟。其中有個人在很短的時間內便獲得覺悟,他先前是苦行者須跋陀(Subhadda),後來成為佛陀親自教導的最後弟子。他過去屬於另一個信仰,且似乎不太尊敬佛陀,但當他聽到佛陀即將去世時,他心想:「我對於其他宗教導師的說法還有一些疑惑,喬達摩沙門也許可以為我釋疑,我的老師們也曾說,像喬達摩沙門這樣的人很少出現於世。據說他即將在後夜時分去世。」他來到佛陀當時的所在地,並請阿難尊者讓他面見佛陀。那時距離佛般涅槃不過幾個小時,因此遭到阿難拒絕。佛陀無意中聽到他們的對話,便告訴阿難讓他進來。得到准許後,須跋陀去見佛陀,並問他受人尊敬的宗教導師們是否如其所稱已真的獲得覺悟,或者其中有些人已達到,有些人則否。佛陀擱置他的問題,並教導這個真

諦——只有宣說八正道的地方才有達到覺悟者。佛陀如此間接回答須跋陀的問題，須跋陀很滿意佛陀的回答，並請求獲准加入僧團。佛陀請阿難尊者為須跋陀剃度，隨後教導他禪法，並給他一個禪修主題。註釋書說，他修習的是來回行走的禪法。他所修的行禪也許和你現在所修的相同。在很短的時間，幾個小時內，須跋陀增長觀，並獲得最高聖果，他成為佛陀親自教導的最後弟子。

那些曾在過去世中禪修的人，已累積了一些經驗，因此可以在短時間內成就，但沒有這種經驗者，則需要較長的時間才能獲得覺悟。

說法處的殊勝

在這部經一開始，曾提到它是在俱盧國對俱盧人宣說，俱盧國就在新德里附近。那個地方在梵文裡稱為「因陀羅波羅斯達」（Indraprastha，意為「因陀羅神之居處」）。佛陀為何對俱盧人宣說此經呢？只是巧合嗎？註釋者說「不是」。據說俱盧國得天獨厚擁有完美的氣候，既不會太冷也不會太熱，且俱盧人可享用到美味的食物與飲料。由於他們有這些舒適的條件，因此總是身心愉悅。藉由身心健康之助，他們的智力成熟，能接受深奧的教法——「念處」，所以佛陀對他們宣說此經。但這並不表示佛陀只對俱盧人宣說此經，在他四十五年說法期間，他在許多地方與許多場合都曾宣說念處禪法。

在《相應部》中，有〈念處品〉，它包含一〇四經。它們是

在各處宣說的短經，只有在對俱盧人教導此經時篇幅才較大。

　　註釋書提到，俱盧人得天獨厚擁有完美氣候與美食，使他們的心智成熟，各階層的人都修念處禪。因此，當人們被問到在修何種念處時，如果說「沒有」，他們會遭到責備，俱盧人會教導他們其中一種念處禪。但當他們回答正在修某種念處時，則會受到稱讚：「做得好！你的生活受到祝福，你不枉生為人。佛陀正是為了像你這樣的人而出現於世。」註釋書甚至還說，在俱盧國連動物也修習念處。

　　註釋者提到關於一隻鸚鵡的故事。有個如吉普賽人般生活的舞者，他四處流浪。他有一隻鸚鵡，平時訓練牠唱歌、跳舞。這位舞者無論旅行到哪裡，都待在僧院或尼寺中，因為在這些地方，他可以得到免費的食物與住處。有一次，他在某個尼寺住了一段時間，離開時忘了將他的鸚鵡帶走，因此鸚鵡便由寺中的沙彌尼代為照顧，為牠取名「佛護」（Buddharakkhita）。

　　有一天，鸚鵡坐在身為首座比丘尼的住持前面，她問鸚鵡：「你有修任何禪法嗎？」鸚鵡回答：「沒有。」她說：「和沙門、比丘或比丘尼同住者不應放逸。由於你是一隻動物，無法做太多，因此，只要重複『骨、骨、骨』即可。」就這樣，比丘尼教鸚鵡觀身不淨。鸚鵡一直重複「骨、骨、骨」。有一天，鸚鵡在門上晒太陽時，一隻大鳥俯衝而下，用爪子抓住鸚鵡然後飛走。鸚鵡發出類似「唧哩、唧哩」的聲音。沙彌尼們聽到聲音，說：「佛護被一隻鳥擄走了。」她們拿起棍棒與石頭威嚇那隻大鳥，迫使牠放下鸚鵡。當沙彌尼們把鸚鵡帶至住持面前時，她說：「佛護，當你被那隻鳥帶走時，你心裡在

想什麼？」鸚鵡回答：「我什麼也沒想，只想到一具骷髏帶走一具骷髏。我不知道它會散落何方。那是我被那隻鳥帶走時，心裡唯一想到的事。」住持很高興，她告訴鸚鵡：「那會成為你未來解脫輪迴的因。」這是鸚鵡修習念處禪的故事。

據說俱盧國得天獨厚擁有完美的氣候，且人民都能享用美食、飲料與其他生活上的便利設施。那麼美國人與所有西方人不是至少在室內都能享受到完美的氣候嗎？即使在嚴寒或酷熱的極端氣候，你也可以用自動調溫器控制室內氣溫，太熱時打開冷氣機，太冷時則打開暖氣機。因此，美國人像俱盧人一樣，可以享受到很好的氣候。食物在西方也很豐富，只要你關心所吃的東西，便可擁有健康的食物。並且西方人在其他設施上，擁有比俱盧人更好的機會。也許對西方人來說，觀禪比其他國家的人都更適合。

禮敬三寶

佛教作者習慣上都會禮敬佛、法、僧，有時還包括他的老師或寫書之前的老師們在內。這麼做有兩個原因。一是希望於寫書期間沒有危險或阻礙，另一個原因是希望此書能圓滿完成。在此書一開始，我們已禮敬佛、法與僧，這禮敬如今已產生結果，我們已來到此經結尾與討論的尾聲。

皈依彼世尊，阿羅漢，正等正覺者。

感謝你們給我這個機會，能和大家分享我所了解的法義與

修行。我來到這個國家，目的就是將佛法傾囊授與這裡的人民。因此，我感謝所有閱讀此書者。

此經的結束一如它的開始：

> 此即如前所述：「諸比丘！這是使眾生清淨，超越愁悲，滅除苦憂，成就聖道，體證涅槃的唯一道路，即四念處。」
>
> 世尊如是說已，彼諸比丘心生歡喜，信受世尊所說。

【原註】

① The Middle Length Sayings（《中部》英譯本）, ii, pp. 281-83.

| 第二部 |

《大念處經》

出處：巴利經典《長部》第22經

Namo Tassa Bhagavato Arahato Sammā-Saṃbuddhasa

皈敬彼世尊，阿羅漢，正等正覺者

如是我聞。

如是我聞：一時，世尊在俱盧國劍磨瑟曇城，與俱盧人住。
於其處，世尊告諸比丘曰：「諸比丘！」比丘們回答：「世
尊！」世尊乃如是言：

諸比丘！這是使眾生清淨，超越愁悲，滅除苦憂，成就聖
道，體證涅槃的唯一道路，即四念處。

何謂四念處？於此，比丘安住於身，隨觀身體，熱忱、正
知、正念，去除對世間的貪欲與憂惱。安住於受，隨觀感
受，熱忱、正知、正念，去除對世間的貪欲與憂惱。安住於
心，隨觀心識，熱忱、正知、正念，去除對世間的貪欲與憂
惱。安住於法，隨觀諸法，熱忱、正知、正念，去除對世間
的貪欲與憂惱。

一、身隨觀念處

1 入出息念

諸比丘！比丘如何安住於身，隨觀身體？於此，諸比丘！比丘
前往森林、樹下或隱僻處，結跏趺坐，端正身體，置念面前，
正念而入息，正念而出息。

入息長時，了知：「我入息長。」出息長時，了知：「我出

息長。」

入息短，了知：「我入息短。」出息短時，了知：「我出息短。」

「我當覺知全入息身而入息。」他如是精進（字面原意為「他訓練自己」）。「我當覺知全出息身而出息。」他如是精進。

「我當安定粗的入息（字面原意為「身行」）而入息。」他如是精進。「我當安定粗的出息而出息。」他如是精進。

如熟練的轆轤匠或他的學徒，在做一個長的轉動時，了知：「我做一個長的轉動。」做一個短的轉動時，了知：「我做一個短的轉動。」比丘如是，在入息長時，了知：「我入息長。」出息長時，了知：「我出息長。」入息短時，了知：「我入息短。」出息短時，了知：「我出息短。」「我當覺知入息的全身而入息。」他如是精進。「我當覺知出息的全身而出息。」他如是精進。「我當安定粗的入息而入息。」他如是精進。「我當安定粗的出息而出息。」他如是精進。

如是，他安住於身，隨觀內身；或安住於身，隨觀外身；或安住於身，隨觀內、外身。

他安住於息身，隨觀生法；或安住於息身，隨觀滅法；或安住於息身，隨觀生、滅法。

或他建立起「唯有息身」的正念，如此建立正念，只為了更高的智慧與正念。

他於渴愛與邪見，無所依而住。

他亦不執著五取蘊世間任何事物。

諸比丘！比丘如是安住於身，隨觀身體。

2 身體姿勢

復次，諸比丘！比丘行走時，了知：「我正在行走。」站立時，了知：「我正在站立。」坐著時，了知：「我正在坐著。」躺臥時，了知：「我正在躺臥。」無論何種姿勢，皆如實了知。

如是，他安住於身，隨觀內身；或安住於身，隨觀外身；或安住於身，隨觀內、外身。

他安住於身，隨觀生法；或安住於身，隨觀滅法；或安住於身，隨觀生、滅法。

或他建立起「唯有身」的正念，如此建立正念，只為了更高的智慧與正念。

他於渴愛與邪見，無所依而住。

他亦不執著五取蘊世間任何事物。

諸比丘！比丘如是安住於身，隨觀身體。

3 正念正知

復次，諸比丘！比丘行往與歸來時，以正知而行；於前瞻與旁觀時，以正知而行；於屈伸肢體時，以正知而行；於著三衣與持缽時，以正知而行；於吃、喝、嚼、嚐時，以正知而行；於大小便利時，以正知而行；於行、住、坐、臥、醒、語、默時，亦以正知而行。

如是，他安住於身，隨觀內身；或安住於身，隨觀外身；或安住於身，隨觀內、外身。

他安住於身，隨觀生法；或安住於身，隨觀滅法；或安住於

身，隨觀生、滅法。

或他建立起「唯有身」的正念，如此建立正念，只爲了更高的智慧與正念。

他於渴愛與邪見，無所依而住。

他亦不執著五取蘊世間任何事物。

諸比丘！比丘如是安住於身，隨觀身體。

4 觀身不淨

復次，諸比丘！比丘思維此身，自足底而上，由頭髮而下，皮所包覆，充滿種種不淨，思維：「於此身中有

髮、毛、爪、齒、皮；（五）

肉、筋、骨、髓、腎；（五）

心、肝、腸、脾、肺；（五）

腸膜、胃、胃中物、屎、腦；（五）

膽汁、痰、膿、血、汗、脂肪；（六）

淚、淋巴液、唾液、鼻涕、關節液、尿。（六）

諸比丘！猶如雙開口的糧袋，充滿種種穀物，如稻、米、綠豆、豌豆、芝麻、精米，視力佳者，解開糧袋，應如是觀察分辨：「此是稻，此是米，此是綠豆，此是豌豆，此是芝麻，此是精米。」

諸比丘！比丘如是思維彼身，自足底而上，由頭髮而下，皮所包覆，充滿種種不淨，思維：「於此身中有

髮、毛、爪、齒、皮；（五）

肉、筋、骨、髓、腎；（五）

心、肝、腸、脾、肺；（五）

腸膜、胃、胃中物、屎、腦；（五）

膽汁、痰、膿、血、汗、脂肪；（六）

淚、淋巴液、唾液、鼻涕、關節液、尿。（六）

如是，他安住於身，隨觀內身；或安住於身，隨觀外身；或安住於身，隨觀內、外身。

他安住於身，隨觀生法；或安住於身，隨觀滅法；或安住於身，隨觀生、滅法。

或他建立起「唯有身」的正念，如此建立正念，只爲了更高的智慧與正念。

他於渴愛與邪見，無所依而住。

他亦不執著五取蘊世間任何事物。

諸比丘！比丘如是安住於身，隨觀身體。

5 四界分別觀

復次，諸比丘！比丘不論置身何處或於何種姿勢中，以各種界思維此身：「於此身中，有地界、水界、火界與風界。」

如熟練的屠夫或其學徒，屠宰牛隻，並將其肢解成塊後，坐在四衢道口。諸比丘！比丘如是於任何姿勢中，以各種界思維此身：「於此身中，有地界、水界、火界與風界。」

如是，他安住於身，隨觀內身；或安住於身，隨觀外身；或安住於身，隨觀內、外身。

他安住於身，隨觀生法；或安住於身，隨觀滅法；或安住於身，隨觀生、滅法。

或他建立起「唯有身」的正念，如此建立正念，只爲了更高的
智慧與正念。

他於渴愛與邪見，無所依而住。

他亦不執著五取蘊世間任何事物。

諸比丘！比丘如是安住於身，隨觀身體。

6墓園九觀

(1)

復次，諸比丘！比丘看見被丟棄於塚間的死屍，已死亡一日、
二日乃至三日，膨脹、青瘀與腐爛。然後他以之反觀自身，思
維：「確實地，我的身體具有相同的本質，也將會變成如此，
且無法避免這樣的結果。」

如是，他安住於身，隨觀內身；或安住於身，隨觀外身；或安
住於身，隨觀內、外身。

他安住於身，隨觀生法；或安住於身，隨觀滅法；或安住於
身，隨觀生、滅法。

或他建立起「唯有身」的正念，如此建立正念，只爲了更高的
智慧與正念。

他於渴愛與邪見，無所依而住。

他亦不執著五取蘊世間任何事物。

諸比丘！比丘如是安住於身，隨觀身體。

(2)

復次，諸比丘！比丘看見被丟棄於塚間的死屍，被烏鴉、老

鷹、禿鷹、蒼鷺、狗、豹、老虎、豺狼或各種蟲類所啃食。然後他以之反觀自身,思維:「確實地,我的身體具有相同的本質,也將會變成如此,且無法避免這樣的結果。」

如是,他安住於身,隨觀內身;或安住於身,隨觀外身;或安住於身,隨觀內、外身。

他安住於身,隨觀生法;或安住於身,隨觀滅法;或安住於身,隨觀生、滅法。

或他建立起「唯有身」的正念,如此建立正念,只為了更高的智慧與正念。

他於渴愛與邪見,無所依而住。

他亦不執著五取蘊世間任何事物。

諸比丘!比丘如是安住於身,隨觀身體。

(3)

復次,諸比丘!比丘看見被丟棄於塚間的死屍,已變成只剩下一些血肉附著的一具骸骨,依靠筋腱而連結在一起。然後他以之反觀自身,思維:「確實地,我的身體具有相同的本質,也將會變成如此,且無法避免這樣的結果。」

如是,他安住於身,隨觀內身;或安住於身,隨觀外身;或安住於身,隨觀內、外身。

他安住於身,隨觀生法;或安住於身,隨觀滅法;或安住於身,隨觀生、滅法。

或他建立起「唯有身」的正念,如此建立正念,只為了更高的智慧與正念。

他於渴愛與邪見，無所依而住。

他亦不執著五取蘊世間任何事物。

諸比丘！比丘如是安住於身，隨觀身體。

(4)

復次，諸比丘！比丘看見被丟棄於塚間的死屍，已變成一具無肉而只有血跡漫塗的骸骨，依靠筋腱而連結在一起。然後他以之反觀自身，思維：「確實地，我的身體具有相同的本質，也將會變成如此，且無法避免這樣的結果。」

如是，他安住於身，隨觀內身；或安住於身，隨觀外身；或安住於身，隨觀內、外身。

他安住於身，隨觀生法；或安住於身，隨觀滅法；或安住於身，隨觀生、滅法。

或他建立起「唯有身」的正念，如此建立正念，只爲了更高的智慧與正念。

他於渴愛與邪見，無所依而住。

他亦不執著五取蘊世間任何事物。

諸比丘！比丘如是安住於身，隨觀身體。

(5)

復次，諸比丘！比丘看見被丟棄於塚間的死屍，已變成無有血肉的骸骨，依靠筋腱而連結在一起。然後他以之反觀自身，思維：「確實地，我的身體具有相同的本質，也將會變成如此，且無法避免這樣的結果。」

如是，他安住於身，隨觀內身；或安住於身，隨觀外身；或安住於身，隨觀內、外身。

他安住於身，隨觀生法；或安住於身，隨觀滅法；或安住於身，隨觀生、滅法。

或他建立起「唯有身」的正念，如此建立正念，只爲了更高的智慧與正念。

他於渴愛與邪見，無所依而住。

他亦不執著五取蘊世間任何事物。

諸比丘！比丘如是安住於身，隨觀身體。

(6)

復次，諸比丘！比丘看見被丟棄於塚間的死屍，已變成四處散落的骸骨，這裡是手骨，那裡是足骨、脛骨、大腿骨、髖骨、脊柱與頭蓋骨。然後他以之反觀自身，思維：「確實地，我的身體具有相同的本質，也將會變成如此，且無法避免這樣的結果。」

如是，他安住於身，隨觀內身；或安住於身，隨觀外身；或安住於身，隨觀內、外身。

他安住於身，隨觀生法；或安住於身，隨觀滅法；或安住於身，隨觀生、滅法。

或他建立起「唯有身」的正念，如此建立正念，只爲了更高的智慧與正念。

他於渴愛與邪見，無所依而住。

他亦不執著五取蘊世間任何事物。

諸比丘！比丘如是安住於身，隨觀身體。

(7)

復次，諸比丘！比丘看見被丟棄於塚間的死屍，已變成貝殼色的白骨。然後他以之反觀自身，思維：「確實地，我的身體具有相同的本質，也將會變成如此，且無法避免這樣的結果。」

如是，他安住於身，隨觀內身；或安住於身，隨觀外身；或安住於身，隨觀內、外身。

他安住於身，隨觀生法；或安住於身，隨觀滅法；或安住於身，隨觀生、滅法。

或他建立起「唯有身」的正念，如此建立正念，只爲了更高的智慧與正念。

他於渴愛與邪見，無所依而住。

他亦不執著五取蘊世間任何事物。

諸比丘！比丘如是安住於身，隨觀身體。

(8)

復次，諸比丘！比丘看見被丟棄於塚間的死屍，已變成堆積年餘的骸骨。然後他以之反觀自身，思維：「確實地，我的身體具有相同的本質，也將會變成如此，且無法避免這樣的結果。」

如是，他安住於身，隨觀內身；或安住於身，隨觀外身；或安住於身，隨觀內、外身。

他安住於身，隨觀生法；或安住於身，隨觀滅法；或安住於

身，隨觀生、滅法。

或他建立起「唯有身」的正念，如此建立正念，只爲了更高的智慧與正念。

他於渴愛與邪見，無所依而住。

他亦不執著五取蘊世間任何事物。

諸比丘！比丘如是安住於身，隨觀身體。

(9)

復次，諸比丘！比丘看見被丟棄於塚間的死屍，骸骨已粉碎成骨粉。然後他以之反觀自身，思維：「確實地，我的身體具有相同的本質，也將會變成如此，且無法避免這樣的結果。」

如是，他安住於身，隨觀內身；或安住於身，隨觀外身；或安住於身，隨觀內、外身。

他安住於身，隨觀生法；或安住於身，隨觀滅法；或安住於身，隨觀生、滅法。

或他建立起「唯有身」的正念，如此建立正念，只爲了更高的智慧與正念。

他於渴愛與邪見，無所依而住。

他亦不執著五取蘊世間任何事物。

諸比丘！比丘如是安住於身，隨觀身體。

二、受隨觀念處

復次，諸比丘！比丘如何安住於受，隨觀感受？

於此，諸比丘！比丘感到樂受時，了知：「我感到樂受。」感到苦受時，了知：「我感到苦受。」感到不苦不樂受時，了知：「我感到不苦不樂受。」感到世俗的樂受時，了知：「我感到世俗的樂受。」感到非世俗的樂受時，了知：「我感到非世俗的樂受。」感到世俗的苦受時，了知：「我感到世俗的苦受。」感到非世俗的苦受時，了知：「我感到非世俗的苦受。」感到世俗的不苦不樂受時，了知：「我感到世俗的不苦不樂受。」感到非世俗的不苦不樂受時，了知：「我感到非世俗的不苦不樂受。」

如是，他安住於受，隨觀內受；或安住於受，隨觀外受；或安住於受，隨觀內、外受。

他安住於受，隨觀生法；或安住於受，隨觀滅法；或安住於受，隨觀生、滅法。

或他建立起「唯有受」的正念，如此建立正念，只為了更高的智慧與正念。

他於渴愛與邪見，無所依而住。

他亦不執著五取蘊世間任何事物。

諸比丘！比丘如是安住於受，隨觀感受。

三、心隨觀念處

復次，諸比丘！比丘如何安住於心，隨觀心識？

於此，諸比丘！於此，比丘心貪欲時，了知：「心貪欲」；心無貪欲時，了知：「心無貪欲」。心瞋恨時，了知：「心瞋

恨」；心無瞋恨時，了知：「心無瞋恨」。心愚癡時，了知：
「心愚癡」；心無愚癡時，了知：「心無愚癡」。心收縮時，了
知：「心收縮」；心散亂時，了知：「心散亂」。心廣大時，
了知：「心廣大」；心不廣大時，了知：「心不廣大」。心有
上時，了知：「心有上」；心無上時，了知：「心無上」。心
專一時，了知：「心專一」；心不專一時，了知：「心不專
一」。心解脫時，了知：「心解脫」；心未解脫時，了知：
「心未解脫」。

如是，他安住於心，隨觀內心；或安住於心，隨觀外心；或安
住於心，隨觀內、外心。

他安住於心，隨觀生法；或安住於心，隨觀滅法；或安住於
心，隨觀生、滅法。

或他建立起「唯有心」的正念，如此建立正念，只爲了更高的
智慧與正念。

他於渴愛與邪見，無所依而住。

他亦不執著五取蘊世間任何事物。

諸比丘！比丘如是安住於心，隨觀心識。

四、法隨觀念處

復次，諸比丘！比丘如何安住於法，隨觀諸法？

1五蓋
於此，諸比丘！比丘安住於法，隨觀諸法，即依五蓋隨觀諸

法。又諸比丘！比丘如何安住於法，依五蓋隨觀諸法？

於此，諸比丘！比丘內心有貪欲出現時，了知：「我內心有貪欲」；或內心無貪欲出現時，了知：「我內心無貪欲」。他亦了知未生的貪欲生起之因；他亦了知已生的貪欲斷除之因；他亦了知已滅的貪欲未來不生起之因。

比丘內心有瞋恚出現時，了知：「我內心有瞋恚」；或內心無瞋恚出現時，了知：「我內心無瞋恚」。他亦了知未生的瞋恚生起之因；他亦了知已生的瞋恚斷除之因；他亦了知已滅的瞋恚未來不生起之因。

比丘內心有昏眠出現時，了知：「我內心有昏眠」；或內心無昏眠出現時，了知：「內心無昏眠」。他亦了知未生的昏眠生起之因；他亦了知已生的昏眠斷除之因；他亦了知已滅的昏眠未來不生起之因。

比丘內心有掉悔出現時，了知：「我內心有掉悔」；或內心無掉悔出現時，了知：「我內心無掉悔」；他亦了知未生的掉悔生起之因；他亦了知已生的掉悔斷除之因；他亦了知已滅的掉悔未來不生起之因。

比丘內心有疑惑出現時，了知：「我內心有疑惑」；或內心無疑惑出現時，了知：「我內心無疑惑」；他亦了知未生的疑惑生起之因；他亦了知已生的疑惑斷除之因；他亦了知已滅的疑惑未來不生起之因。

如是，他安住於法，隨觀內法；或安住於法，隨觀外法；或安住於法，隨觀內、外法。

他安住於法，隨觀生法；或安住於法，隨觀滅法；或安住於

法，隨觀生、滅法。

或他建立起「唯有法」的正念，如此建立正念，只為了更高的
智慧與正念。

他於渴愛與邪見，無所依而住。

他亦不執著五取蘊世間任何事物。

諸比丘！比丘如是安住於法，依五蓋隨觀諸法。

2五取蘊

復次，諸比丘！比丘安住於法，隨觀諸法，即依五取蘊隨觀諸
法。又諸比丘！比丘如何安住於法，依五取蘊隨觀諸法？

於此，諸比丘！比丘了知：「此是色，此是色生起或色生起之
因，此是色壞滅或色壞滅之因。此是受，此是受生起或受生起
之因，此是受壞滅或受壞滅之因。此是想，此是想生起或想生
起之因，此是想壞滅或想壞滅之因。此是行，此是行生起或行
生起之因，此是行壞滅或行壞滅之因。此是識，此是識生起或
識生起之因，此是識壞滅或識壞滅之因。」

如是，他安住於法，隨觀內法；或安住於法，隨觀外法；或安
住於法，隨觀內、外法。

他安住於法，隨觀生法；或安住於法，隨觀滅法；或安住於
法，隨觀生、滅法。

或他建立起「唯有法」的正念，如此建立正念，只為了更高的
智慧與正念。

他於渴愛與邪見，無所依而住。

他亦不執著五取蘊世間任何事物。

諸比丘！比丘如是安住於法，依五取蘊隨觀諸法。

3六內入處與六外入處

復次，諸比丘！比丘安住於法，隨觀諸法，即依六內入處與六外入處隨觀諸法。又諸比丘！比丘如何安住於法，依六內入處與六外入處隨觀諸法？

於此，諸比丘！比丘了知眼根，了知色塵，了知緣此二者而生起的結。他亦了知未生之結生起之因，了知已生之結斷除之因，了知已斷除之結未來不生起之因。

他了知耳根，了知聲塵，了知緣此二者而生起的結。他亦了知未生之結生起之因，了知已生之結斷除之因，了知已斷除之結未來不生起之因。

他了知鼻根，了知香塵，了知緣此二者而生起的結。他亦了知未生之結生起之因，了知已生之結斷除之因，了知已斷除之結未來不生起之因。

他了知舌根，了知味塵，了知緣此二者而生起的結。他亦了知未生之結生起之因，了知已生之結斷除之因，了知已斷除之結未來不生起之因。

他了知身根，了知觸塵，了知緣此二者而生起的結。他亦了知未生之結生起之因，了知已生之結斷除之因，了知已斷除之結未來不生起之因。

他了知意根，了知法塵，了知緣此二者而生起的結。他亦了知未生之結生起之因，了知已生之結斷除之因，了知已斷除之結未來不生起之因。

如是，他安住於法，隨觀內法；或安住於法，隨觀外法；或安住於法，隨觀內、外法。

他安住於法，隨觀生法；或安住於法，隨觀滅法；或安住於法，隨觀生、滅法。

或他建立起「唯有法」的正念，如此建立正念，只為了更高的智慧與正念。

他於渴愛與邪見，無所依而住。

他亦不執著五取蘊世間任何事物。

諸比丘！比丘如是安住於法，依六內入處與六外入處隨觀諸法。

4七覺支

復次，諸比丘！比丘安住於法，隨觀諸法，即依七覺支隨觀諸法。又諸比丘！比丘如何安住於法，依七覺支隨觀諸法？

於此，諸比丘！比丘內心有念覺支出現時，了知：「內心有念覺支。」或內心無念覺支出現時，了知：「內心無念覺支。」他亦了知未生的念覺支生起之因，亦了知已生的念覺支修習圓滿之因。

他內心有擇法覺支出現時，了知：「內心有擇法覺支。」或內心無擇法覺支出現時，了知：「內心無擇法覺支。」他亦了知未生的擇法覺支生起之因，亦了知已生的擇法覺支修習圓滿之因。

他內心有精進覺支出現時，了知：「內心有精進覺支。」或內心無精進覺支出現時，了知：「內心無精進覺支。」他亦

了知未生的精進覺支生起之因，亦了知已生的精進覺支修習圓滿之因。

他內心有喜覺支出現時，了知：「內心有喜覺支。」或內心無喜覺支出現時，了知：「內心無喜覺支。」他亦了知未生的喜覺支生起之因，亦了知已生的喜覺支修習圓滿之因。

他內心有輕安覺支出現時，了知：「內心有輕安覺支。」或內心無輕安覺支出現時，了知：「內心無輕安覺支。」他亦了知未生的輕安覺支生起之因，亦了知已生的輕安覺支修習圓滿之因。

他內心有定覺支出現時，了知：「內心有定覺支。」或內心無定覺支出現時，了知：「內心無定覺支。」他亦了知未生的定覺支生起之因，亦了知已生的定覺支修習圓滿之因。

他內心有捨覺支出現時，了知：「內心有捨覺支。」或內心無捨覺支出現時，了知：「內心無捨覺支。」他亦了知未生的捨覺支生起之因，亦了知已生的捨覺支修習圓滿之因。

如是，他安住於法，隨觀內法；或安住於法，隨觀外法；或安住於法，隨觀內、外法。

他安住於法，隨觀生法；或安住於法，隨觀滅法；或安住於法，隨觀生、滅法。

或他建立起「唯有法」的正念，如此建立正念，只為了更高的智慧與正念。

他於渴愛與邪見，無所依而住。

他亦不執著五取蘊世間任何事物。

諸比丘！比丘如是安住於法，依七覺支隨觀諸法。

5四聖諦

復次，諸比丘！比丘安住於法，隨觀諸法，即依四聖諦隨觀諸法。又諸比丘！比丘如何安住於法，依四聖諦隨觀諸法？

於此，諸比丘！比丘如實了知：「此是苦。」如實了知：「此是苦之集。」如實了知：「此是苦之滅。」如實了知：「此是導致苦滅之道。」

(1) 苦諦

復次，諸比丘！何謂苦諦？生是苦，老是苦，死是苦，愁、悲、苦、憂、惱是苦，怨憎會是苦，愛別離是苦，求不得是苦。簡而言之，五取蘊是苦。

復次，何謂生？於此道或彼道所屬眾生之生。諸眾生之取生、受生、形成、出生、諸蘊之顯現、諸處之獲得。諸比丘！此名為生。

復次，諸比丘！何謂老？於此道或彼道所屬眾生之老。諸眾生之衰老、齒落、髮白、皮皺、壽命日減、諸根衰退。諸比丘！此名為老。

復次，諸比丘！何謂死？於此道或彼道所屬眾生之分離與消逝。諸眾生之破壞、消失、死、歿、壽命終了、諸蘊離析、身體棄捨、命根毀壞。諸比丘！此名為死。

復次，諸比丘！何謂愁？因失落此或彼而受苦，因受此或彼的苦事逼迫，而有憂愁、哀戚、內在哀傷、內在悲痛。諸比丘！此名為愁。

復次，諸比丘！何謂悲？因失落此或彼而受苦，因受此或彼的

苦事逼迫，而有痛哭、悲泣、嘆息、哀號、悲歎。諸比丘！此名為悲。

復次，諸比丘！何謂苦？身體的痛苦與不愉快的感受，由身觸所生的痛苦與不愉快的感受。諸比丘！此名為苦。

復次，諸比丘！何謂憂？心的痛苦與不愉快的感受，由意觸所生的痛苦與不愉快的感受。諸比丘！此名為憂。

復次，諸比丘！何謂惱？因失落此或彼而受苦，因受此或彼的苦事逼迫，而有憂惱、苦惱，以及由憂惱、苦惱所生的痛苦。諸比丘！此名為惱。

復次，諸比丘！何謂怨憎會苦？一切不如意、厭惡與不愉悅的色塵、聲塵、香塵、味塵、觸塵、法塵，或遇一切心懷惡意、傷害、擾亂與不離縛者，與如是等聚會、同行、親善與交往，諸比丘！此名為怨憎會苦。

復次，諸比丘！何謂愛別離苦？一切可意、喜愛與愉悅的色塵、聲塵、香塵、味塵、觸塵、法塵，或遇一切希求幸福、利益、安樂與離縛者，亦即父母、兄弟、姊妹、朋友、同事、親戚、血親，卻不能與之聚會、同行、親善與交往，諸比丘！此名為愛別離苦。

復次，諸比丘！何謂求不得苦？受制於生的眾生，生起如是欲求：「願我等不受制於生，願我等不再受生。」但這其實無法藉由欲求獲得。諸比丘！此名為求不得苦。

受制於老時，生起如是欲求：「願我等不受制於老，願我等不再變老。」但這其實無法藉由欲求獲得。諸比丘！此亦名為求不得苦。

受制於病時，生起如是欲求：「願我等不受制於病，願我等不再生病。」但這其實無法藉由欲求獲得。諸比丘！此亦名爲求不得苦。

受制於死時，生起如是欲求：「願我等不受制於死，願我等不要死亡。」但這其實無法藉由欲求獲得。諸比丘！此亦名爲求不得苦。

受制於愁、悲、苦、憂、惱時，生起如是欲求：「願我等不受制於愁、悲、苦、憂、惱，願我等不再愁、悲、苦、憂、惱。」但這其實無法藉由欲求獲得。諸比丘！此亦名爲求不得苦。

復次，諸比丘！何謂「簡而言之，五取蘊是苦」？即色取蘊、受取蘊、想取蘊、行取蘊與識取蘊。諸比丘！此即「簡而言之，五取蘊是苦」。

諸比丘！此名爲苦聖諦。

(2) 集諦

復次，諸比丘！何謂苦集聖諦？即渴愛導致再生，且和喜與貪俱行，到處追求愛樂，即：欲愛、有愛、無有愛。

復次，諸比丘！此渴愛生起時於何處生起，住著時於何處住著？凡於世間有可喜與可意者，渴愛生起時即於此處生起，住著時即於此處住著。

復次，諸比丘！於世間中，何者是可喜與可意者？

於世間中，眼根是可喜與可意者，渴愛生起時於此處生起，住著時於此處住著。

於世間中，耳根是可喜與可意者，渴愛生起時於此處生起，住

著時於此處住著。

於世間中，鼻根是可喜與可意者，渴愛生起時於此處生起，住著時於此處住著。

於世間中，舌根是可喜與可意者，渴愛生起時於此處生起，住著時於此處住著。

於世間中，身根是可喜與可意者，渴愛生起時於此處生起，住著時於此處住著。

於世間中，意根是可喜與可意者，渴愛生起時於此處生起，住著時於此處住著。

於世間中，色塵是可喜與可意者，渴愛生起時於此處生起，住著時於此處住著。

於世間中，聲塵是可喜與可意者，渴愛生起時於此處生起，住著時於此處住著。

於世間中，香塵是可喜與可意者，渴愛生起時於此處生起，住著時於此處住著。

於世間中，味塵是可喜與可意者，渴愛生起時於此處生起，住著時於此處住著。

於世間中，觸塵是可喜與可意者，渴愛生起時於此處生起，住著時於此處住著。

於世間中，法塵是可喜與可意者，渴愛生起時於此處生起，住著時於此處住著。

於世間中，眼識是可喜與可意者，渴愛生起時於此處生起，住著時於此處住著。

於世間中，耳識是可喜與可意者，渴愛生起時於此處生起，住

著時於此處住著。

於世間中，鼻識是可喜與可意者，渴愛生起時於此處生起，住著時於此處住著。

於世間中，舌識是可喜與可意者，渴愛生起時於此處生起，住著時於此處住著。

於世間中，身識是可喜與可意者，渴愛生起時於此處生起，住著時於此處住著。

於世間中，意識是可喜與可意者，渴愛生起時於此處生起，住著時於此處住著。

於世間中，眼觸是可喜與可意者，渴愛生起時於此處生起，住著時於此處住著。

於世間中，耳觸是可喜與可意者，渴愛生起時於此處生起，住著時於此處住著。

於世間中，鼻觸是可喜與可意者，渴愛生起時於此處生起，住著時於此處住著。

於世間中，舌觸是可喜與可意者，渴愛生起時於此處生起，住著時於此處住著。

於世間中，身觸是可喜與可意者，渴愛生起時於此處生起，住著時於此處住著。

於世間中，意觸是可喜與可意者，渴愛生起時於此處生起，住著時於此處住著。

於世間中，眼觸所生之受是可喜與可意者，渴愛生起時於此處生起，住著時於此處住著。

於世間中，耳觸所生之受是可喜與可意者，渴愛生起時於此處

生起，住著時於此處住著。

於世間中，鼻觸所生之受是可喜與可意者，渴愛生起時於此處生起，住著時於此處住著。

於世間中，舌觸所生之受是可喜與可意者，渴愛生起時於此處生起，住著時於此處住著。

於世間中，身觸所生之受是可喜與可意者，渴愛生起時於此處生起，住著時於此處住著。

於世間中，意觸所生之受是可喜與可意者，渴愛生起時於此處生起，住著時於此處住著。

於世間中，色想是可喜與可意者，渴愛生起時於此處生起，住著時於此處住著。

於世間中，聲想是可喜與可意者，渴愛生起時於此處生起，住著時於此處住著。。

於世間中，香想是可喜與可意者，渴愛生起時於此處生起，住著時於此處住著。

於世間中，味想是可喜與可意者，渴愛生起時於此處生起，住著時於此處住著。

於世間中，觸想是可喜與可意者，渴愛生起時於此處生起，住著時於此處住著。

於世間中，法想是可喜與可意者，渴愛生起時於此處生起，住著時於此處住著。

於世間中，色思是可喜與可意者，渴愛生起時於此處生起，住著時於此處住著。

於世間中，聲思是可喜與可意者，渴愛生起時於此處生起，住

著時於此處住著。

於世間中，香思是可喜與可意者，渴愛生起時於此處生起，住
著時於此處住著。

於世間中，味思是可喜與可意者，渴愛生起時於此處生起，住
著時於此處住著。

於世間中，觸思是可喜與可意者，渴愛生起時於此處生起，住
著時於此處住著。

於世間中，法思是可喜與可意者，渴愛生起時於此處生起，住
著時於此處住著。

於世間中，色愛是可喜與可意者，渴愛生起時於此處生起，住
著時於此處住著。

於世間中，聲愛是可喜與可意者，渴愛生起時於此處生起，住
著時於此處住著。

於世間中，香愛是可喜與可意者，渴愛生起時於此處生起，住
著時於此處住著。

於世間中，味愛是可喜與可意者，渴愛生起時於此處生起，住
著時於此處住著。

於世間中，觸愛是可喜與可意者，渴愛生起時於此處生起，住
著時於此處住著。

於世間中，法愛是可喜與可意者，渴愛生起時於此處生起，住
著時於此處住著。

於世間中，色尋是可喜與可意者，渴愛生起時於此處生起，住
著時於此處住著。

於世間中，聲尋是可喜與可意者，渴愛生起時於此處生起，住

著時於此處住著。

於世間中，香尋是可喜與可意者，渴愛生起時於此處生起，住著時於此處住著。

於世間中，味尋是可喜與可意者，渴愛生起時於此處生起，住著時於此處住著。

於世間中，觸尋是可喜與可意者，渴愛生起時於此處生起，住著時於此處住著。

於世間中，法尋是可喜與可意者，渴愛生起時於此處生起，住著時於此處住著。

於世間中，色伺是可喜與可意者，渴愛生起時於此處生起，住著時於此處住著。

於世間中，聲伺是可喜與可意者，渴愛生起時於此處生起，住著時於此處住著。

於世間中，香伺是可喜與可意者，渴愛生起時於此處生起，住著時於此處住著。

於世間中，味伺是可喜與可意者，渴愛生起時於此處生起，住著時於此處住著。

於世間中，觸伺是可喜與可意者，渴愛生起時於此處生起，住著時於此處住著。

於世間中，法伺是可喜與可意者，渴愛生起時於此處生起，住著時於此處住著。

諸比丘！此名爲苦集聖諦。

(3) 滅諦

復次，諸比丘！何謂苦滅聖諦？此即無餘離貪，由滅盡、捨離、棄除、解脫與不執著此一渴愛。

復次，諸比丘！此渴愛捨斷時於何處捨斷，滅盡時於何處滅盡？凡於世間有可喜與可意者，渴愛捨斷時即於此處捨斷，滅盡時即於此處滅盡。

復次，諸比丘！於世間中，何者是可喜與可意者？

於世間中，眼根是可喜與可意者，渴愛捨斷時即於此處捨斷，滅盡時即於此處滅盡。

於世間中，耳根是可喜與可意者，渴愛捨斷時即於此處捨斷，滅盡時即於此處滅盡。

於世間中，鼻根是可喜與可意者，渴愛捨斷時即於此處捨斷，滅盡時即於此處滅盡。

於世間中，舌根是可喜與可意者，渴愛捨斷時即於此處捨斷，滅盡時即於此處滅盡。

於世間中，身根是可喜與可意者，渴愛捨斷時即於此處捨斷，滅盡時即於此處滅盡。

於世間中，意根是可喜與可意者，渴愛捨斷時即於此處捨斷，滅盡時即於此處滅盡

於世間中，色塵是可喜與可意者，渴愛捨斷時即於此處捨斷，滅盡時即於此處滅盡。

於世間中，聲塵是可喜與可意者，渴愛捨斷時即於此處捨斷，滅盡時即於此處滅盡。

於世間中，香塵是可喜與可意者，渴愛捨斷時即於此處捨斷，

減盡時即於此處減盡。

於世間中，味塵是可喜與可意者，渴愛捨斷時即於此處捨斷，減盡時即於此處減盡。

於世間中，觸塵是可喜與可意者，渴愛捨斷時即於此處捨斷，減盡時即於此處減盡。

於世間中，法塵是可喜與可意者，渴愛捨斷時即於此處捨斷，減盡時即於此處減盡。

於世間中，眼識是可喜與可意者，渴愛捨斷時即於此處捨斷，減盡時即於此處減盡。

於世間中，耳識是可喜與可意者，渴愛捨斷時即於此處捨斷，減盡時即於此處減盡。

於世間中，鼻識是可喜與可意者，渴愛捨斷時即於此處捨斷，減盡時即於此處減盡。

於世間中，舌識是可喜與可意者，渴愛捨斷時即於此處捨斷，減盡時即於此處減盡。

於世間中，身識是可喜與可意者，渴愛捨斷時即於此處捨斷，減盡時即於此處減盡。

於世間中，意識是可喜與可意者，渴愛捨斷時即於此處捨斷，減盡時即於此處減盡。

於世間中，眼觸是可喜與可意者，渴愛捨斷時即於此處捨斷，減盡時即於此處減盡。

於世間中，耳觸是可喜與可意者，渴愛捨斷時即於此處捨斷，減盡時即於此處減盡。

於世間中，鼻觸是可喜與可意者，渴愛捨斷時即於此處捨斷，

減盡時即於此處減盡。

於世間中，舌觸是可喜與可意者，渴愛捨斷時即於此處捨斷，減盡時即於此處減盡。

於世間中，身觸是可喜與可意者，渴愛捨斷時即於此處捨斷，減盡時即於此處減盡。

於世間中，意觸是可喜與可意者，渴愛捨斷時即於此處捨斷，減盡時即於此處減盡。

於世間中，眼觸所生之受是可喜與可意者，渴愛捨斷時即於此處捨斷，減盡時即於此處減盡。

於世間中，耳觸所生之受是可喜與可意者，渴愛捨斷時即於此處捨斷，減盡時即於此處減盡。

於世間中，鼻觸所生之受是可喜與可意者，渴愛捨斷時即於此處捨斷，減盡時即於此處減盡。

於世間中，舌觸所生之受是可喜與可意者，渴愛捨斷時即於此處捨斷，減盡時即於此處減盡。

於世間中，身觸所生之受是可喜與可意者，渴愛捨斷時即於此處捨斷，減盡時即於此處減盡。

於世間中，意觸所生之受是可喜與可意者，渴愛捨斷時即於此處捨斷，減盡時即於此處減盡。

於世間中，色想是可喜與可意者，渴愛捨斷時即於此處捨斷，減盡時即於此處減盡。

於世間中，聲想是可喜與可意者，渴愛捨斷時即於此處捨斷，減盡時即於此處減盡。

於世間中，香想是可喜與可意者，渴愛捨斷時即於此處捨斷，

滅盡時即於此處滅盡。

於世間中，味想是可喜與可意者，渴愛捨斷時即於此處捨斷，滅盡時即於此處滅盡。

於世間中，觸想是可喜與可意者，渴愛捨斷時即於此處捨斷，滅盡時即於此處滅盡。

於世間中，法想是可喜與可意者，渴愛捨斷時即於此處捨斷，滅盡時即於此處滅盡。

於世間中，色思是可喜與可意者，渴愛捨斷時即於此處捨斷，滅盡時即於此處滅盡。

於世間中，聲思是可喜與可意者，渴愛捨斷時即於此處捨斷，滅盡時即於此處滅盡。

於世間中，香思是可喜與可意者，渴愛捨斷時即於此處捨斷，滅盡時即於此處滅盡。

於世間中，味思是可喜與可意者，渴愛捨斷時即於此處捨斷，滅盡時即於此處滅盡。

於世間中，觸思是可喜與可意者，渴愛捨斷時即於此處捨斷，滅盡時即於此處滅盡。

於世間中，法思是可喜與可意者，渴愛捨斷時即於此處捨斷，滅盡時即於此處滅盡。

於世間中，色愛是可喜與可意者，渴愛捨斷時即於此處捨斷，滅盡時即於此處滅盡。

於世間中，聲愛是可喜與可意者，渴愛捨斷時即於此處捨斷，滅盡時即於此處滅盡。

於世間中，香愛是可喜與可意者，渴愛捨斷時即於此處捨斷，

減盡時即於此處滅盡。

於世間中，味愛是可喜與可意者，渴愛捨斷時即於此處捨斷，
減盡時即於此處滅盡。

於世間中，觸愛是可喜與可意者，渴愛捨斷時即於此處捨斷，
減盡時即於此處滅盡。

於世間中，法愛是可喜與可意者，渴愛捨斷時即於此處捨斷，
減盡時即於此處滅盡。

於世間中，色尋是可喜與可意者，渴愛捨斷時即於此處捨斷，
減盡時即於此處滅盡。

於世間中，聲尋是可喜與可意者，渴愛捨斷時即於此處捨斷，
減盡時即於此處滅盡。

於世間中，香尋是可喜與可意者，渴愛捨斷時即於此處捨斷，
減盡時即於此處滅盡。

於世間中，味尋是可喜與可意者，渴愛捨斷時即於此處捨斷，
減盡時即於此處滅盡。

於世間中，觸尋是可喜與可意者，渴愛捨斷時即於此處捨斷，
減盡時即於此處滅盡。

於世間中，法尋是可喜與可意者，渴愛捨斷時即於此處捨斷，
減盡時即於此處滅盡。

於世間中，色伺是可喜與可意者，渴愛捨斷時即於此處捨斷，
減盡時即於此處滅盡。

於世間中，聲伺是可喜與可意者，渴愛捨斷時即於此處捨斷，
減盡時即於此處滅盡。

於世間中，香伺是可喜與可意者，渴愛捨斷時即於此處捨斷，

減盡時即於此處減盡。

於世間中，味伺是可喜與可意者，渴愛捨斷時即於此處捨斷，減盡時即於此處減盡。

於世間中，觸伺是可喜與可意者，渴愛捨斷時即於此處捨斷，減盡時即於此處減盡。

於世間中，法伺是可喜與可意者，渴愛捨斷時即於此處捨斷，減盡時即於此處減盡。

諸比丘！此名爲苦滅聖諦。

(4) 道諦

復次，諸比丘！何謂導致苦滅之道聖諦？此即八支聖道：正見、正思維、正語、正業、正命、正精進、正念、正定。

復次，諸比丘！何謂正見？諸比丘！如實知苦，知苦之集，知苦之滅，知導致苦滅之道。諸比丘！此等名爲正見。

復次，諸比丘！何謂正思維？出離之思維、無瞋之思維、無害之思維。諸比丘！此等名爲正思維。

復次，諸比丘！何謂正語？遠離妄語、遠離兩舌、遠離惡口、遠離綺語。諸比丘！此等名爲正語。

復次，諸比丘！何謂正業？遠離殺生、遠離偷盜、遠離邪淫。諸比丘！此等名爲正業。

復次，諸比丘！何謂正命？諸比丘！聖弟子捨邪命，依正命而生活。諸比丘！此名爲正命。

復次，諸比丘！何謂正精進？在此，諸比丘！比丘發願、精進、勤奮、策勵其心，避免未生的邪惡、不善法生起；發願、

精進、勤奮、策勵其心，捨斷已生起的邪惡、不善法；發願、精進、勤奮、策勵其心，促使未生起的善法生起；發願、精進、勤奮、策勵其心，促使已生起的善法安住、不衰退、增長、廣大、圓滿成就。諸比丘！此名爲正精進。

復次，諸比丘！何謂正念？於此，諸比丘！比丘安住於身，隨觀身體，熱忱、正知、正念，捨離對世間的貪欲與憂惱。他安住於受，隨觀感受，熱忱、正知、正念，捨離對世間的貪欲與憂惱。他安住於心，隨觀心識，熱忱、正知、正念，捨離對世間的貪欲與憂惱。他安住於法，隨觀諸法，熱忱、正知、正念，捨離對世間的貪欲與憂惱。諸比丘！此名爲正念。

復次，諸比丘！何謂正定？於此，諸比丘！比丘遠離欲樂，遠離惡法，有尋有伺，由離生喜樂，具足初禪而住。尋伺止息，內心等淨，心一境性，無尋無伺，由定生喜樂，具足二禪而住。離喜與尋伺，他住於捨，正念正知，身心受樂，體驗聖者所說「以捨與念而住於樂」，具足三禪而住。離樂與苦，他斷先前一切喜與憂，不苦不樂，捨念清淨，具足四禪而住。諸比丘！此名爲正定。

諸比丘！此名爲導致苦滅之道聖諦。

如是，他安住於法，隨觀內法；或安住於法，隨觀外法；或安住於法，隨觀內、外法。

他安住於法，隨觀生法；或安住於法，隨觀滅法；或安住於法，隨觀生、滅法。

或他建立起「唯有法」的正念，如此建立正念，只爲了更高的智慧與正念。

他於渴愛與邪見，無所依而住。

他亦不執著五取蘊世間任何事物。

諸比丘！比丘如是安住於法，依四聖諦隨觀諸法。

五、修習念處的成就

確然，諸比丘！凡修此四念處達七年者，可得二果之一：於現法證得究竟智；若有餘執，則得不還果。

遑論七年，諸比丘！凡修此四念處達六年者，可得二果之一：於現法證得究竟智；若有餘執，則得不還果。

遑論六年，諸比丘！凡修此四念處達五年者，可得二果之一：於現法證得究竟智；若有餘執，則得不還果。

遑論五年，諸比丘！凡修此四念處達四年者，可得二果之一：於現法證得究竟智；若有餘執，則得不還果。

遑論四年，諸比丘！凡修此四念處達三年者，可得二果之一：於現法證得究竟智；若有餘執，則得不還果。

遑論三年，諸比丘！凡修此四念處達二年者，可得二果之一：於現法證得究竟智；若有餘執，則得不還果。

遑論二年，諸比丘！凡修此四念處達一年者，可得二果之一：於現法證得究竟智；若有餘執，則得不還果。

遑論一年，諸比丘！凡修此四念處達七個月者，可得二果之一：於現法證得究竟智；若有餘執，則得不還果。

遑論七個月，諸比丘！凡修此四念處達六個月者，可得二果之一：於現法證得究竟智；若有餘執，則得不還果。

遑論六個月，諸比丘！凡修此四念處達五個月者，可得二果之

一：於現法證得究竟智；若有餘執，則得不還果。

遑論五個月，諸比丘！凡修此四念處達四個月者，可得二果之
一：於現法證得究竟智；若有餘執，則得不還果。

遑論四個月，諸比丘！凡修此四念處達三個月者，可得二果之
一：於現法證得究竟智；若有餘執，則得不還果。

遑論三個月，諸比丘！凡修此四念處達二個月者，可得二果之
一：於現法證得究竟智；若有餘執，則得不還果。

遑論二個月，諸比丘！凡修此四念處達一個月者，可得二果之
一：於現法證得究竟智；若有餘執，則得不還果。

遑論一個月，諸比丘！凡修此四念處達半個月者，可得二果之
一：於現法證得究竟智；若有餘執，則得不還果。

遑論半個月，諸比丘！凡修此四念處達七日者，可得二果之
一：於現法證得究竟智；若有餘執，則得不還果。

此即如前所述：「諸比丘！這是使眾生清淨，超越愁悲，滅除
苦憂，成就聖道，體證涅槃的唯一道路，即四念處。」

世尊如是說已，諸比丘心生歡喜，信受世尊所說。

| 第三部 |

禪修指導

禪修指導

　　禪修之前，你得先找個合適的地方，所謂「合適的地方」是指能提供你禪修所需的隱蔽處所。你可以在大自然中找到隱蔽處；然而，當在家中禪修時，必須找個最適合禪修的地方，每次禪修都使用此處。你可能會希望擺置佛像或畫像，一些鮮花、蠟燭或香來協助禪修，但這些東西都不如未來你經常要使用的隱蔽處來得重要。

　　一開始，你雙腿盤坐，保持上半身挺直。如果雙盤的姿勢對你來說太困難，你可以採用半蓮花坐姿，把一腿放在另一腿上，改成單盤姿勢。如果這也太困難，你可以採用散盤或「緬甸式」坐姿，把一腿放在另一腿前面，甚至可坐在墊子、椅子或板凳上，因為某種程度的舒適是持續禪修所必需的。雖然雙盤是最理想的禪修姿勢，但你必須衡量哪一種姿勢最能維持禪修。無論何種姿勢，重點是保持上半身挺直。

　　我們將探討三種禪法。第一是寬恕，第二是慈心，第三是觀禪。

寬恕自己與他人

　　我們修習寬恕，是為了去除罪惡感。有時你對某人做了一些壞事，而有罪惡感，尤其當在禪修時，你希望保持心清淨，但這些念頭卻一再出現，破壞禪修。這就像清理屋頂前，你都會先請求別人原諒一樣。另一面是寬恕別人。可能有人對你做

了一些壞事，你對那人有些瞋心或怨恨，你也必須去除瞋心或怨恨。為了修習慈心，你一定要能寬恕別人，如果不能寬恕別人，就無法禪修。因此，慈心與寬恕是並存的。如果不能原諒某人，你就無法把慈心傳送給那個人。因此，你必須去除對任何曾傷害過你的人的厭惡感。第三，你寬恕自己。有時你將發現寬恕自己比寬恕別人更加困難。如果不能寬恕自己，則你對自己同樣會有瞋與恨的感覺，那將會干擾禪修。因此，在進入禪修之前，你必須修習寬恕，然後修習慈心禪。

傳送慈心給一切眾生

慈心是一種愛──真心希望一切眾生幸福。它是愛，和染著、貪欲無關，是對包括我們自己的一切眾生，清淨的愛與清淨的希望。因此，當你修習慈心並希望自己快樂時，「願我幸福、快樂與平安！」這不應解釋為自私，因為為了傳送慈心給別人，我們必須先在自己身上生起這些念頭。此外，當你對自己傳送念頭時，你可以以自己為例。也就是當你說「願我幸福、快樂與平安」時，你思維：「我希望幸福，我希望快樂，我希望平安。願其他人也幸福、快樂與平安。」要對其他眾生修習慈心之前，你必須先對自己修習慈心，然後傳送這念頭給其他眾生。你可以用各種方式傳送這些念頭，你可以依地區傳送念頭給一切眾生。你傳送慈心給這個家裡的一切眾生，包括一切牲畜與昆蟲等。然後傳送慈心給這個地區、這個城市、這個郡、這個州、這個國家、這個世界與這個宇宙裡的一切眾

生，最後，傳送給普遍的一切眾生。當你對自己說這些句子時，請覺知它們的意義，並嘗試觀想你提到的這些眾生幸福、快樂與平安。你的慈心將到達他們那裡，並讓他們真的幸福、快樂與平安。這麼做約十五分鐘。修習寬恕時，請合掌。

> 若藉由身、語、意，
> 愚昧的我犯下錯誤，
> 願具大悲與大智的尊者，
> 皆能寬恕我。
> 我坦然地寬恕一切昔日曾傷害自己者，
> 我坦然地寬恕自己。

然後，你可以修習慈心禪。當修習慈心禪時，請反覆默念每一句各約十次。

> 願我幸福、快樂、平安！
> 願此屋內一切眾生幸福、快樂、平安！
> 願此區內一切眾生幸福、快樂、平安！
> 願此市內一切眾生幸福、快樂、平安！
> 願此郡內一切眾生幸福、快樂、平安！
> 願此州內一切眾生幸福、快樂、平安！
> 願此國內一切眾生幸福、快樂、平安！
> 願此世界一切眾生幸福、快樂、平安！
> 願此宇宙一切眾生幸福、快樂、平安！
> 願一切眾生幸福、快樂、平安！

你也可以依人修習慈心：

願我幸福、快樂、平安！

願我的老師們幸福、快樂、平安！

願我的父母幸福、快樂、平安！

願我的親屬們幸福、快樂、平安！

願我的朋友們幸福、快樂、平安！

願一般大眾幸福、快樂、平安！

願不友善者幸福、快樂、平安！

願一切禪修者幸福、快樂、平安！

願一切眾生幸福、快樂、平安！

願痛苦者遠離痛苦！

願恐懼者無恐懼！

願悲傷者擺脫悲傷！

一切眾生皆得解脫！

在你已傳送慈心給全世界與一切眾生之後，你修習觀禪。

對呼吸與身心的一切保持正念

吸氣與呼氣各持續約四到五秒。清楚地正念於入息，你可以感覺空氣接觸鼻尖或鼻內的觸感，對它保持正念。當你呼氣時，全程四到五秒，清楚覺知出息，並專注於氣息的本質，氣息移動或支持的本質，而非氣息的形相。試著將入息與出息視為兩回事，而非只是同一個呼吸在進與出。不要跟著氣息進入

到身體裡或跑出到身體外，你的心就如守門人一樣站在門口，注意人們的進與出。別強迫或勉強自己，只要平靜地注意與正念於呼吸。你可以在吸氣與吐氣時，默念「入」與「出」，或「入、出」。別以為你應認出擾亂自己專注的事物，無須如此做，只要正念於呼吸。重點是你的正念，而非知道「發生什麼事」。然而，知道是哪些事幫助他們把心放在禪修對象上，哪些事沒有，對某些人來說很重要。如果它幫助你，則可以為它們貼上標籤或觀察「發生什麼事」，但當它干擾專注時，你無須說「發生什麼事」，只要保持正念。

當你的心可以只停留在呼吸上時，那很好。然而，心有游移的傾向，如果它游移或出走，而你覺知到它，只要正念於「出走」，或對自己說：「出走、出走、出走」二到三次，然後重新回到呼吸上。如果你在念頭中看見什麼事或什麼人，正念於「看見」，或對自己說：「看見、看見、看見」，直到那個對象從心中消失為止。如果你在念頭中聽到某人說話，正念於「聽到」，或對自己說：「聽到、聽到、聽到」，然後重新回到呼吸上。如果你在念頭中和某人說話，或和自己說話，正念於「說話」，或對自己說：「說話、說話、說話」，然後重新回到呼吸上。如果你思索某事或分析某事，正念於「分析」。如果你做判斷，正念於「做判斷」。如果記起過去某事，正念於「記起」，或對自己說：「記起、記起、記起」或「想起、想起、想起」，然後重新回到呼吸上。如果你想到未來並做計劃，正念於它，或對自己說：「計劃、計劃、計劃」，然後重新回到呼吸上。如果你變懶惰，正念於「懶惰」，或對自己說：「懶惰、懶

惰、懶惰」。懶惰將在片刻之後消失，然後重新回到呼吸上。如果你感到無聊，正念於「無聊」，或對自己說「無聊、無聊、無聊」，直到無聊消失，然後重新回到呼吸上。如果你有阻力，正念於它，或對自己說：「阻力、阻力、阻力」，阻力消失時，再重新回到呼吸上。如果你有染著、貪心或欲念，正念於這些念頭，或對自己說：「染著、染著、染著」，或「貪心、貪心、貪心」，或「欲念、欲念、欲念」，直到它們消失，然後重新回到呼吸上。如果你為了任何原因感到煩亂或憤怒，只要正念於「憤怒」；換句話說，讓憤怒成為禪修對象。專注於你的憤怒，或對自己說：「憤怒、憤怒、憤怒」或「煩亂、煩亂、煩亂」。片刻之後，憤怒會消失，當它消失時，重新回到呼吸上。

如果你想要吞口水，先正念於想吞的意欲或欲望，對自己說：「意欲、意欲、意欲」，或「欲、欲、欲」。當你匯集口中的唾液時，正念於「匯集」，或對自己說：「匯集、匯集、匯集」。當你吞嚥時，正念於「吞嚥」，或對自己說：「吞嚥、吞嚥、吞嚥」，然後重新回到呼吸上。

如果你有癢的感覺，不要立刻抓它。專注於癢處，並正念於它，對自己說：「癢、癢、癢」。在多數的情況中，一段時間之後癢便會消失。當它消失時，回到呼吸上。有時癢不會消失，它可能變得更強烈，此時儘可能和它同在，注意它、覺知它。如果你認為再也無法忍受，你可以抓。但在抓之前，正念於「抓」的意欲或欲望。當你移動手至癢處時，正念於「移動」。緩慢地移動手，移動時保持正念。當手指觸到癢處時，說：「觸、觸、觸」。當抓癢時，說：「抓、抓、抓」。當把手

縮回時，說：「縮、縮、縮」或「動、動、動」。當手觸到腰與膝之間的部位、膝蓋或另一隻手時，說：「觸、觸、觸」，然後重新回到呼吸上。

如果你身上有痛、麻、僵硬或熱的感覺，把心集中在這些感覺處，並正念於它們。如果你身上哪裡疼痛，集中注意力在那個痛處，正念於「疼痛」，並對自己說：「痛、痛、痛」。對於疼痛的感覺你必須很有耐心，它不會輕易消失，你必須忍耐並正念於它。它可能消失，或變得更加強烈，盡可能和它同在，事實上，疼痛是很好的禪修對象，它是強大的目標，你的心被推向那個痛處。因此，對它保持正念，並試著了解它是一切感受中的第一名。不要視痛苦為你自己，也別說「它不是我的痛苦」或「我感到痛苦」。就只有痛苦，只有感受。如果痛苦轉強，你認為自己再也無法忍受，你可以完全不理會痛苦，而重新回到呼吸上；或可以移動與改變姿勢，以減輕痛苦。但當移動或改變姿勢時，要先注意改變的意欲，正念於它，然後再緩慢地做動作，一次一個動作，正念於每個動作。做完改變之後，重新回到呼吸上。

因此，呼吸是貫穿你禪修的完整對象。每次沒有其他覺知對象時，你只要正念於呼吸。如果有更明顯的對象，你便注意它們，覺知它們，正念於它們，然後回到呼吸上。別用力，也別勉強自己，只要平靜地觀察這些對象，注意它們，正念於它們。別試圖把身內的不安、情緒或感受推開，只要注意它們，並讓它們自行離開。

對某些人來說，很難專注於鼻尖上的呼吸。這些人可以把

心放在腹部，正念於腹部的起伏動作。當你吸氣時，腹部膨脹或鼓起；吐氣時，它就收縮或凹陷。這些起伏的動作可以取代呼吸，成為禪修的主要對象。把心放在腹部，從頭到尾清楚地正念於起伏的動作。你的心就如騎師在騎馬，心與呼吸一起移動。你甚至可以把手放在腹部去感覺起與伏的動作，一段時間後，無須手按腹部便能覺知起伏的動作。如果你滿足於單純觀察呼吸，便無須注意腹部。

別對這段時間的修行有任何期待，也別預期會有奇特的體驗或看到影像等。期待是一種溫和的貪著形式，那是種專注的障礙，必須去除。如果你有期待，只要正念於它們，並對自己說：「期待、期待、期待」。然後重新回到呼吸或腹部的動作。

修習十分鐘或更長的時間之後，你可以練習行禪。

當你修習觀禪時，一直保持正念很重要。因此，當你從打坐到站立時，也要保持正念。站起來之前，正念於站立或起身的意欲。你可以對自己說：「意欲、意欲、意欲」，或「欲、欲、欲」。然後緩慢起身，把心放在全身，在身體向上的動作，或對自己說：「起身、起身、起身」。當站立時，正念於站立的姿勢，或對自己說：「站立、站立、站立」。

當走路時，最好選擇一條步道並待在那裡。在步道上來回行走。行走時，要緩慢地走，把心放在腳或腳的動作上，至少覺知每一步的四個階段。

邁開步伐之前，你先舉起腳，把心放在腳上，並正念於舉起或提起，「提起、提起、提起」。然後把腳推向前，把腳向前移。正念於「移動」，對自己說：「移動、移動、移動」。當把

腳放到地上時，正念於「放下」或說：「放下、放下、放下」。然後轉換重量並踏出另一步。把心放在全身，並說：「轉換、轉換、轉換」。然後踏出下一步，正念於「提起」、「移動」、「放下」、「轉換」，緩慢地移動。眼睛保持張開，並看著前面約四、五呎的地面。別閉上眼睛，如果閉眼，可能會摔跤。眼睛保持微張並往下看著地板。

當你抵達行禪步道的終點時，你停下腳步，並正念於「停止」，或對自己說：「停、停、停」。當你想要轉身時，正念於轉身的欲望或意欲，或對自己說：「意欲、意欲、意欲」，或「欲、欲、欲」，然後緩慢地轉身。正念於轉的動作，或對自己說：「轉、轉、轉」。然後再走，注意每一步的不同階段——提起、移動、放下、轉換等，直到你抵達步道的另一端，在那裡停止，並正念於「停止」。想要轉身，正念於「轉身」，然後再走。當你行走時，可以把手放在前面、後面或兩邊。你如此來回行走，直到行禪結束。

行禪的設計是為了運動身體。如果你只修行半個鐘頭或一個鐘頭，可能不需要行禪，但當你閉關或修行一整天時，便需要動一動身體。行禪一結束，便再開始坐禪。因此你回去打坐處，緩慢地走，注意與覺知各階段與步伐。坐下之前，正念於坐下的欲望。然後緩緩坐下，把心放在整個身體上。當身體接觸地面時，說：「觸、觸、觸」。安置手與腳，說：「安置、安置、安置」。然後重新回到呼吸上，正念於入息與出息。以此方式，你輪流坐禪與行禪，並維持正念，試著在閉關期間不要有任何一刻失去它。閉關期間，吃飯也是在禪修，每一件事都必

須以正念去做，即使上廁所也不應忘失正念。

功德回向一切眾生

禪修結束之後，我們回向功德。每次做了善行之後，將功德回向一切眾生是很好的修行。

願以此功德，
回向諸眾生，
普遍皆獲得
一切康樂福。

願住空、地眾，
諸天、大勢者，
同霑此功德！
願彼常護法！

Abhidhamma：佛陀的最高教法；三藏(tipitaka)中的第三藏 —— 論藏；佛教哲學與心理學；和諸法究竟本質有關的形而上教導。

abhiññā：supernatural faculty，神通、通智或證智。

akusala：unwholesome，不善、罪或惡。

anāgāmi：non-returner，不還者；達到四解脫果中第三果的聖弟子。徹底斷除欲貪與瞋恚者，不會再重回欲界，即不會再轉世，直接於化生處般涅槃。

ānāpāna-sati：mindfulness of in-and-out-breathing，入出息念，音譯為「安那般那念」。

anattā：non-self，無我，和苦與無常被並列為「法」的三種特性。

anicca：impermanence，無常，和苦與無我被並列為「法」的三種特性。

anumodanā：隨喜祝福，比丘於接受布施之後給與施者的祝福。

arahat或arahant：阿羅漢、應供，已達四沙門果中的最高果位者、解脫者、不再轉世者。

ariyasaccāni：noble truth，聖諦；另外請參見四聖諦(cattāri ariyasaccāni)。

āsava：taints of mind，漏。煩惱、雜染、偏見。有四種：欲漏(kāmāsava)、有漏(bhavāsava)、見漏(diṭṭhāsava)、無明漏(avijjāsava)。

aṭṭhaṅgika magga：the eightfold path，八支聖道：正見(sammā diṭṭhi)、正思維(sammā saṅkappa)、正語(sammā vaca)、正業(sammā kammanta)、正命(sammā ājivā)、正精進(sammā vayama)、正念(sammā sati)、正定(sammā samādhi)。

avijjā：ignorance，無明。

āyatana：sense field，處、入處。內六根與外六境，合為十二處。

bhavā：becoming，有。

bhikkhu：buddhist monks，比丘，佛教僧人（持兩百二十七條戒者）。

bhikkhunī：buddhist nun，比丘尼，佛教尼師。

bodhi：enlightment，菩提、覺、智；道智生起剎那之智慧。

bodhisatta：菩薩，覺有情；佛陀前身。

brahma vihara：divine state，梵住。有四種：慈(mettā)、悲(kāruṇā)、喜(muditā)、捨(upekkhā)。

Buddha：the Enlightened One，佛陀、覺者，淨飯王與摩耶夫人之子——悉達多·喬達摩太子的稱號。他在二十九歲放棄王位，追隨六師外道，修了六年苦行，最後他選擇中道，並依自力覺悟。在他的首次開示——《初轉法輪經》

(Dhammacakka-pavattana Sutta)中，他說到八支聖道(ariya aṭṭhaṅgika magga)與四聖諦(cattāri ariyasaccāni)。

cāga：generosity，捨，施捨。

cattāri ariyasaccāni：the four noble truths，四聖諦：

苦(dukkha)聖諦──生是苦，老是苦，病是苦，死是苦，愛別離是苦，怨憎會是苦，求不得是苦，五取蘊是苦。

苦集(samudaya)聖諦──欲愛(kamatanhā)、有愛(bhavātanhā)、無有愛(vibhavā tanhā)，導致輪迴轉世。

苦滅(nirodha)聖諦──渴愛的完全熄滅，解脫，涅槃。

導致苦滅之道(magga)諦，此即八支聖道(參見aṭṭhaṅgikamagga)。

concentration：定、專注，參見sāmādhi。

consciousness：心或識，心理活動的識別特色；感受覺知與了知外境的能力。

dāna：giving，布施；十善業的第一支，參見pārami。

dasa kasiṇa：ten meditation objects，十遍處：地、水、火、風、青、黃、赤、白、光明與虛空，這些禪修對象能降伏煩惱。

defilements：煩惱、惑，參見kilesa。

deva：god，直譯為「光明者」；天，神，肉眼不可見，具有妙色身，住在天界，即欲界(kāmaloka)六天與色界(rūpaloka)十六天。

Dhamma：佛法、法、實相。

dhamma vicaya：investigation of dhamma，擇法。

dhammas：phenomena，諸法、現象、自然。

dhutaṅga：ascetic pratices，頭陀行，斷煩惱的苦行。

dosa：aversion，瞋、瞋恚、厭惡。

dukkha：unsatisfactoriness，suffering，苦、痛苦、不圓滿；四聖諦中的第一諦。苦苦(dukkha dukkha)；苦滅(dukkha nirodha)；導致苦滅之道(dukkha nirodha gāminī patipada)；行苦(sankhāra dukkha)；壞苦(viparināma dukkha)。

five faculties：五根，參見pañcēndriya。

four noble truths：四聖諦，參見cattāri ariyasaccāni。

hindrances：蓋、障礙，參見nīvaranas。

indriya：faculties，根。

intention：意欲，相當於巴利文的chanda，與desire同義。

jhāna：absorption，禪那、靜慮、思維修習，例如，心一境性以斷除或熄滅煩惱。

kalyāna mitta：spiritual friend，善知識、善友、勝友。

kamma：volition，業、身、口、意之造作。凡是過去與現在所造的業，都會在此世或來世結果，視業的性質而定。

kammaṭṭhāna：meditation，業處、禪修。

kāraka maggaṅga：active factors，所作道支、作支。

karunā：compassion，悲。

kasina：meditation object，遍、禪修對象，例如，修習地遍的土盤。

kāya：body，身、身體。

khandha：aggregates，蘊。人被認為是由五蘊所組成：色(rūpa)、受(vedanā)、想(saññā)、行(saṅkhāra)、識(viññāna)。

kilesa：defilements，煩惱；心之雜染。即使煩惱的條件已斷除時，它們還是可能生起。

kilesa parinibbāna：煩惱滅度，煩惱的完全止息。

kusala：wholesome，善、巧、善巧。

lobha：greed，貪。

lokiya：mundane，世間、世俗的。

lokuttara：supermundane，出世間。

magga：path，道。

Mahāyāna：Great Vehicle大乘。西元前三世紀中葉，在印度阿育王試圖整合僧伽之後，一些佛教派別便各自發展它們自己的傳統。從西元前五世紀第二次結集之後，大眾部(Mahāsaṅghika)便已從銅牒部(Sthavira)分裂出來。例如，大乘學者主張，菩薩放棄他最後的涅槃，因此可以教導並拯救一切有情，而上座部(Theravāda)則鼓勵行者根據佛陀最後的話，「精進以求自身解脫」(參見《大涅槃經》)。《方廣經》(Vaipulya suttas)在梵文藏經中，被擴增與有系統的編纂。在西元一、二世紀印度貴霜(Kushan)王朝時，大乘佛教被商人與僧侶引入中亞，並傳入西藏、中國、西伯利亞、韓國、日本，之後並達到越南。從西元第八到第十三世紀，它也在柬埔寨、爪哇、蘇門答臘與馬來半島被修習。

mettā：loving kindness，慈。

moha：delusion，痴。

mudita：altruistic joy，喜，四梵住之一，利他的喜悅。

nama：名，相對於色之心；緣取與牽引外境；一切心理過程的總稱。

nibbana：涅槃，直譯為「滅」、「寂滅」。

nimitta：sign，徵相、似相、瑞相；禪修中出現的心理映像，是內心高度專注的指標。

nirodha：cessation，annihilation，滅、滅盡。

nivarana：hindrances，蓋。障礙心性令善法不生的五種煩惱：貪欲、瞋恚、昏眠、掉悔與疑，這些被認為是達到覺悟的主要障礙。

non-returner：不來者，參見anagami。

pacceka-buddha：辟支佛，獨覺或緣覺，靠自己得到覺悟者，但無法將他的智慧教導別人。

pali：意為「線」、「列」、「規範」，中印度亞利安語，接近摩伽陀初期地方語(magadhi prakrit)；據推測是佛陀的語言，上座部藏經的聖典語，此藏經乃佛陀死後口耳相傳的佛法合集，之後它們在西元前一世紀於錫蘭被書寫下來。

pancendriya：five faculties，五根。禪修術語，描述五種心理狀態：信(saddha)、精進(viriya)、念 (sati)、定(samadhi)、慧(panna)。當能平等維持它們時，將鎮伏五蓋，引發禪那。

panna：wisdom，intuitive knowledge，般若、慧、直觀智慧。

paramattha sacca：ultimate truth，勝義諦（相對於世俗諦sammuti sacca）；難以描述的真諦，無法透過概念思維而被直接認知。

parami：perfection，波羅蜜，直譯為「到彼岸」。《清淨道論》所列的十波羅蜜為：施(dana)、戒(sila)、出離(nekkhamma)、慧(panna)、精進(viriya)、忍辱(khanti)、諦(sacca)、決意(adhittana)、慈(metta)、捨(upekkha)。

passaddhi：calmness，tranquility，輕安、安息、止。

paticca samuppada：dependent origination，緣起；佛陀教法的基礎；無明緣行，行緣識，識緣名色，名色緣六入，六入緣觸，觸緣受，這幾支是過去業行的果報，它們被稱為生命的被動面。接著是受緣愛，愛緣取，取緣有，有緣生，生緣老死。這十二支因素必須斷除，最後斷除無明，才能達到正等正覺。

patimokkha：the set of rules，波羅提木叉，別解脫戒（比丘有227條，比丘尼有311條），是三藏(Tipitaka)中的第一部，律藏(Vinaya)所提。它們是為一切比丘與比丘尼所制定，應該在每月的朔、望，即布薩日，舉行誦戒。

phassa：contact，觸，根、境、識三合所生。

pindapatā：monks' almsround，缽食、托缽食、乞食。

pīti：joy，喜，喜悅。

precepts：戒，參見 sīla。

puthujjana：worldlings，凡夫。

rūpa：form，matter，色，物質。

saddhā：confidence，信，信心。

sahagata：bound up with，俱行。

samādhi：concentration，定；心一境性。有三種定：遍作(parikamma)、近行 (upacāra)、安止(appanā)。

samathā bhāvānā：tranquility meditation，修止；四十種禪修主題（業處），最後目標是藉由鎮伏煩惱蓋，達到平靜或輕安的狀態。

saṃbojjhaṅga：factors of enlightment，覺支。七覺支是：念 (sati)、擇法 (dhamma vicaya)、精進(viriya)、喜(pīti)、輕安(passaddhi)、定(samādhi)、捨 (upekkhā)。

sampajañña：clear comprhension，正知。

samudaya：arising，集，集起，生起。

samudaya dhamma：origination factors，生法。

sammuti sacca：conventional truth，世俗諦，例如，說「我」，然而究竟來說，並無自我。

sangha：assembly，僧、僧伽；遵循佛陀教法，並持守227條別解脫戒的比丘眾；三寶中的第三寶。

sankhāra：conditioned，行、心行、有為、有為法。

saññā：notion，perception，想，概念。

sati：mindfulness，念。

satipaṭṭhāna：establishment of mindfulness，念處、念住；藉由觀察身、受、心、法等四念處而修習觀禪。

sīla：morality，戒、戒行，音譯為「尸羅」。八支聖道之一，被排在定與慧之前；和三皈依一起被列為成為佛教徒的基本條件。前五戒(pañaslia)是：
我持不殺生戒。(Pānātipāta veramani sikkhāpadam samādiyāmi.)
我持不與取戒。(Adimmādānā veramani sikkhāpadām samādiyāmi.)

我持不邪淫戒。(Kamesu micchācārā veramani sikkhāpadam samādiyāmi.)

我持不妄語戒。(Musāvādā veramani sikkhāpadam samādiyāmi.)

我持不飲導致昏醉之酒戒。(Surāmeraya majja pamāda Ilhānā veramani sikkhā padam samādiyāmi.)

sotāpanna：stream enter，入流者；達到第一聖果的聲聞弟子。此等人永遠不會再轉生惡道，且七世之內即可覺悟成為阿羅漢。

sukha：happiness，樂、安樂。

sutta：discourse，經。三藏中的第二藏，包含佛陀的一切開示。

tanhā：craving，渴愛，導致輪迴。

Theravāda：上座部。佛陀般涅槃之後，早先十八部派唯一倖存的部派。長老們在佛陀涅槃後於第一次結集中誦出一切教法，因此鞏固了這個傳統，它至今仍存在緬甸、柬埔寨、寮國、錫蘭與泰國。

thought moment：剎那，簡稱moment，梵語為kṣana，或譯為「念頃」、「瞬間」。

three roots of evil：三毒：貪(lobha)、瞋(dosa)、痴(moha)。

Tipiṭaka：Three Baskets，三藏。上座部藏經的三藏是律藏(Vinaya)——關於戒**律**；經藏(Sutta)——佛陀的開示；論藏(Abhidhamma)——佛陀的形而上學論述。

tisarana：three refuges，三皈依：

皈敬彼世尊，阿羅漢，正等正覺佛陀。(Namo tassa Bhagavato arahato sammā-sambuddhasa.)

我皈依佛。(Buddham saranam gacchāmi.)

我皈依法。(Dhammam saranam gacchāmi.)

我皈依僧。(Saṅgham saranam gacchāmi.)

triple gem：三寶：佛、法、僧。

uddhacca：restless，掉舉。

upādāna：clinging，取、取著。

upasama：peace，寂靜、寂止。

upekkhā：equanimity，捨、等捨。

vaya dhamma：dissolution factors，滅法、衰滅法。

vedanā：feeling，sensation，受、感受。

vicāra：discursive thought，伺，舊譯為「觀」，乃細心伺察思維諸法令心維繫，是繼尋之後，心的後續運作。

vinaya：discipline，律、調伏，音譯為「毘尼」、「毘奈耶」；三藏中的第一藏。

viññāna：conciousness，識、意識。

vipassanā：insight，觀、內觀、洞見，音譯為「毘缽舍那」。

virati：abstentions，離。

vīriya：effort，精進。

Visuddhimagga：The Path of Purifation，《清淨道論》，佛教禪修論著，由覺音 (Buddhaghosa)在西元第四世紀編纂。

vitakka：thought，尋，舊譯為「覺」，為尋求推度之意，對事理的粗略思維，是心的初步運作。

《大念處經》出現在巴利藏經中兩處，分別是《長部》第二十二經，與《中部》第十經。顧名思義，《長部》版本比《中部》版本長。差別是，在《中部》版本中，省略了四聖諦的詳細闡述。在本書中，我依循《長部》。

此經有本古老的註釋書，是由著名的註釋者覺音(Buddhaghosa)法師所撰，並還有本解釋註釋書的註疏書，也是由同樣著名的作者法護(Dhammapāla)法師所著。這兩本書都是以巴利文寫成。

關於此經的翻譯，有本書很值得參考，即索瑪長老(Soma Thera)所寫的《正念之道》(*The Way of Mindfulness*)，由斯里蘭卡的康提(Kandy, Sri Lanka)佛教出版協會(Buddhist Publication Society)於一九七五年出版。它包含註釋的大部分翻譯與註疏的許多旁註，是鑽研此經不可或缺的典籍。

其他翻譯可以參見下列諸書：

一、《佛教譯著》(*Buddhism in Translations*)，亨利‧克拉克‧華倫(Henry Clark Warren)撰，紐約：文藝協會(Atheneum)，1963年。此經的翻譯出現在〈四念處〉(The Four Intent Contemplations)一節，第353-375頁。它依循《長部》版本。

二、《佛經選集》(*Some Sayings of the Buddha*)，伍得華德(F. L. Woodward)著，牛津：牛津大學出版社，1973年。此經翻譯出現在〈一乘道〉(The Only Way)一節，依循《中部》版本，但《長部》版本也有提及。

三、《正念之道》(*The Heart of Buddhist Meditation*)，向智長老(Nyā napanika Thera)著。緬因‧約克灘：山謬‧懷瑟公司(York Beach, Maine: Samuel Weiser, Inc.)，1988年。書中第二部分即為此經翻譯，依循《長部》版本。此書於2006年由橡樹林文化出版。

四、《四念處》(*The Foundations of Mindfulness*)，智靈長老(Nyānasatta Thera)著。錫蘭‧康提：佛教出版協會，法輪叢刊，第十九號，1974年。

五、《四念處》(*The Foundations of Mindfulness*)，喬因‧聰巴仁波切(Chogyam Trungpa, Rinpoche)，柏克萊：香巴拉出版公司(Shambhala Publications, Inc.)，1967年。本書包含智靈長老翻譯的節錄，被放在此經的解說之後。

六、《佛陀的啟示》(*What the Buddha Taught*)，羅睺羅‧化普樂(Walpola Rahula)著。紐約：葛羅夫出版社(Grove Press)，1974年。此經翻譯是以節錄的形式出現。

七、《如是我聞》(*Thus Have I Heard*)，摩里斯・渥爾許(Maurice Walshe)編譯。倫敦：智慧出版社(Wisdom Publications)，1987年，依循《長部》版本。關於四念處的其他經典，參見巴利藏經，《相應部》，第五部，第三冊(The Book of Kindred Sayings, Part V, Book III)，頁119-169，以及前述向智長老所著，《佛教禪修心要》的第三部分。

下列兩書被援引作為此書的主要參考資料：

一、《清淨道論》(*The Path of Purification*)，髻智 (Nyanamoli)比丘譯，柏德(Boulder)：香巴拉出版公司，1976年。佛教出版協會所出版的版本目前亦可使用。

二、《彌蘭陀王問經》(*The Questions of King Milinda*)，萊斯・大衛茲(T. W. Rhys Davids)，紐約：多弗出版公司(Dover Publications, Inc.)，1963年。

善知識系列 JB0114

正念的四個練習

The Four Foundations of Mindfulness

作　　　者／喜戒禪師（Venerable U Sīlānanda）
譯　　　者／賴隆彥
特 約 編 輯／釋見澈、鐘苑文
編　　　輯／陳芊卉
封 面 設 計／兩棵酸梅
內 頁 版 型／舞陽美術・吳家俊
業　　　務／顏宏紋
印　　　刷／中原造像股份有限公司

發 行 人／何飛鵬
事業群總經理／謝至平
總 編 輯／張嘉芳
出　　版／橡樹林文化
　　　　　城邦文化事業股份有限公司
　　　　　115 台北市南港區昆陽街 16 號 4 樓
　　　　　電話：(02)2500-0888 #2738　傳真：(02)2500-1951
發　　　行／英屬蓋曼群島商家庭傳媒股份有限公司城邦分公司
　　　　　115 台北市南港區昆陽街 16 號 8 樓
　　　　　客服服務專線：(02)25007718；25001991
　　　　　24 小時傳真專線：(02)25001990；25001991
　　　　　服務時間：週一至週五上午 09:30 ～ 12:00；下午 13:30 ～ 17:00
　　　　　劃撥帳號：19863813　戶名：書虫股份有限公司
　　　　　讀者服務信箱：service@readingclub.com.tw
香港發行所／城邦（香港）出版集團有限公司
　　　　　香港九龍土瓜灣土瓜灣道 86 號順聯工業大廈 6 樓 A 室
　　　　　電話：(852)25086231 傳真：(852)25789337
　　　　　Email: hkcite@biznetvigator.com
馬新發行所／城邦（馬新）出版集團【Cité (M) Sdn.Bhd. (458372 U)】
　　　　　41, Jalan Radin Anum, Bandar Baru Seri Petaling,
　　　　　57000 Kuala Lumpur, Malaysia.
　　　　　電話：(603) 90563833　傳真：(603) 90576622
　　　　　Email：services@cite.my

初 版 一 刷／2005 年 7 月
二 版 三 刷／2024 年 7 月
I S B N ／978-986-5613-44-0
定　　價／300 元

城邦讀書花園
www.cite.com.tw

國家圖書館出版品預行編目 (CIP) 資料

正念的四個練習 / 喜戒禪師 (Venerable U Sīlānanda) 著
；賴隆彥譯 . -- 二版 . -- 臺北市：橡樹林文化，城邦文
化出版：家庭傳媒城邦分公司發行，2017.04

　　　面；　公分 . --（善知識系列；JB0114）

　　　譯自：The four foundations of mindfulness

　ISBN 978-986-5613-44-0（平裝）
　1. 佛教修持

225.7   106004718